Gestão e planejamento de tributos

Central de Qualidade — FGV Management

ouvidoria@fgv.br

PUBLICAÇÕES
FGV Management

SÉRIE GESTÃO FINANCEIRA, CONTROLADORIA E AUDITORIA

Gestão e planejamento de tributos

2ª edição

Flávia de Almeida Viveiros de Castro

Arnaldo Marques de Oliveira Neto

Artur Antonio Leite de Souza Junior

Rodolfo de Castro Sousa Filho

FGV management

FGV EDITORA

Direitos desta edição reservados à
EDITORA FGV
Rua Jornalista Orlando Dantas, 37
22231-010 — Rio de Janeiro, RJ — Brasil
Tels.: 0800-021-7777 — 21-3799-4427
Fax: 21-3799-4430
editora@fgv.br — pedidoseditora@fgv.br
www.fgv.br/editora

Impresso no Brasil/*Printed in Brazil*

1ª edição — 2007; 1ª reimpressão — 2008; 2ª e 3ª reimpressões — 2009; 4ª, 5ª e 6ª reimpressões — 2010; 2ª edição — 2011; 1ª, 2ª e 3ª reimpressões — 2012; 4ª e 5ª reimpressões — 2013; 6ª e 7ª reimpressões — 2014; 8ª e 9ª reimpressões — 2015; 10ª e 11ª reimpressões — 2017.

Preparação de originais: Sandra Frank
Editoração eletrônica: FA Editoração Eletrônica
Revisão: Adriana Alves | Paulo Telles Ferreira
Capa: aspecto:design
Ilustração de capa: André Bethlem

Castro, Flávia de Almeida Viveiros de
Gestão e planejamento de tributos / Flávia de Almeida Viveiros de Castro... [et al.]. — 2. ed. — Rio de Janeiro: Editora FGV, 2011.
200 p. — (Gestão financeira, controladoria e auditoria (FGV Management))

Em colaboração com Arnaldo Marques de Oliveira Neto, Artur Antonio Leite de Souza Junior, Rodolfo de Castro Sousa Filho.
Publicações FGV Management.
Inclui bibliografia.
ISBN: 978-85-225-0865-5

1. Administração tributária. 2. Empresas — Impostos. 3. Política tributária. I. Oliveira Neto, Arnaldo Marques de. II. Souza Junior, Artur Antonio Leite de. III. Sousa Filho, Rodolfo de Castro. IV. FGV Management. V. Fundação Getulio Vargas. VI. Título. VII. Série.

CDD — 336.2

Aos nossos alunos e aos nossos colegas docentes,
que nos levam a pensar e repensar as nossas práticas.

Sumário

Apresentação

Este livro compõe as Publicações FGV Management, programa de educação continuada da Fundação Getulio Vargas (FGV).

Instituição de direito privado com mais de meio século de existência, a FGV vem gerando conhecimento por meio da pesquisa, transmitindo informações e formando habilidades por meio da educação, prestando assistência técnica às organizações e contribuindo para um Brasil sustentável e competitivo no cenário internacional.

A estrutura acadêmica da FGV é composta por oito escolas e institutos: a Escola Brasileira de Administração Pública e de Empresas (Ebape), dirigida pelo professor Flavio Carvalho de Vasconcelos; a Escola de Administração de Empresas de São Paulo (Eaesp), dirigida pela professora Maria Tereza Leme Fleury; a Escola de Pós-Graduação em Economia (EPGE), dirigida pelo professor Rubens Penha Cysne; o Centro de Pesquisa e Documentação de História Contemporânea do Brasil (Cpdoc), dirigido pelo professor Celso Castro; a Escola de Direito de São Paulo (Direito GV), dirigida pelo professor Ary Oswaldo Mattos Filho; a Escola de Direito do Rio de Janeiro (Direito Rio), dirigida pelo professor Joaquim Falcão; a Escola de Economia de São Paulo (Eesp), dirigida pelo professor Yoshiaki Nakano; o Instituto Brasileiro de Economia (Ibre), dirigido pelo professor Luiz Guilherme Schymura de Oliveira. São diversas unidades com a marca FGV, trabalhando com a mesma filosofia: gerar e disseminar o conhecimento pelo país.

Dentro de suas áreas específicas de conhecimento, cada escola é responsável pela criação e elaboração dos cursos oferecidos pelo Instituto de Desenvolvimento Educacional (IDE), criado em 2003 com o objetivo de coordenar e gerenciar uma rede de distribuição única para os produtos e serviços educacionais da FGV, por meio de suas escolas. Dirigido pelo professor Clovis de Faro e contando com a direção acadêmica do professor Carlos Osmar Bertero, o IDE engloba o programa FGV Management e sua rede conveniada, distribuída em todo o país (ver www.fgv.br/fgvmanagement), o programa de ensino a distância FGV Online (ver www.fgv.br/fgvonline), a Central de Qualidade e Inteligência de Negócios e o Programa de Cursos Corporativos In Company. Por meio de seus programas, o IDE desenvolve soluções em educação presencial e a distância e em treinamento corporativo customizado, prestando apoio efetivo à rede FGV, de acordo com os padrões de excelência da instituição.

Este livro representa mais um esforço da FGV em socializar seu aprendizado e suas conquistas. Ele é escrito por professores do FGV Management, profissionais de reconhecida competência acadêmica e prática, o que torna possível atender às demandas do mercado, tendo como suporte sólida fundamentação teórica.

A FGV espera, com mais essa iniciativa, oferecer a estudantes, gestores, técnicos — a todos, enfim, que têm internalizado o conceito de educação continuada, tão relevante nesta era do conhecimento — insumos que, agregados às suas práticas, possam contribuir para sua especialização, atualização e aperfeiçoamento.

Clovis de Faro
Diretor do Instituto de Desenvolvimento Educacional

Ricardo Spinelli de Carvalho
Diretor Executivo do FGV Management

Sylvia Constant Vergara
Coordenadora das Publicações FGV Management

Introdução

O objetivo deste livro é contribuir para a compreensão da gestão e planejamento de tributos, fornecendo subsídios para aprimorar práticas de gestão empresarial e financeira. Não visa esgotar o assunto, mesmo porque este é inesgotável, já que se renova a cada alteração legislativa, a cada mudança de interpretação das leis.

Pretendemos oferecer, ao estudante ou ao profissional que tenha curiosidade em saber mais sobre o tema, um livro que reúne teoria e prática em dose adequada à compreensão da chamada questão fiscal empresarial. Estruturamos o livro em quatro capítulos.

No primeiro capítulo, apresentamos a forma de funcionamento do sistema tributário nacional e suas principais figuras. Começamos ressaltando a importância do planejamento fiscal. Delineamos o quadro da tributação brasileira com suas cinco espécies tributárias. Analisamos princípios e regras de direito incidentes, as principais figuras da tributação, as fontes do direito tributário. Finalmente, ainda nessa primeira etapa do trabalho, indicamos como o profissional trabalha com o ferramental jurídico em busca de economia fiscal, especialmente no que se refere às lacunas da lei e à interpretação em favor do contribuinte.

O segundo capítulo enfatiza o estudo da tributação superveniente sobre o resultado da empresa, ou seja, os tributos incidentes sobre o lucro: o IRPJ e a CSLL em suas diferentes formas de incidência — lucro real, lucro presumido, lucro arbitrado e sistema Simples. Abordamos o tratamento fiscal dos resultados não operacionais, os ganhos de participações societárias e os juros sobre capital próprio.

No terceiro capítulo, falamos sobre os principais aspectos da tributação diretamente vinculada às operações da empresa. Destacamos, portanto, os tributos que compõem o valor final do produto ou do serviço posto no mercado, em especial no campo dos impostos. Destacamos o IPI, o ICMS, o ISS e, quanto às contribuições, a Cofins e o PIS. Aspectos materiais e temporais, forma de incidência, contribuintes e responsáveis estão no centro dessa análise, bem como algumas questões controversas sobre a incidência e a cobrança de tais tributos.

Dedicamos o quarto capítulo às reorganizações empresariais e sua importância para o planejamento tributário. Analisamos os principais motivadores dessas operações, mesmo que de forma resumida. Tratamos das alternativas possíveis em tais transformações societárias, como a fusão, a incorporação e a cisão, bem como das principais disposições fiscais que precisam ser observadas nesses eventos, para que as oportunidades de minimização lícita do ônus tributário possam ser identificadas. Para encerrar, falamos das responsabilidades fiscais dos chamados sucessores tributários.

1 Visão geral e importância do sistema tributário nacional e do planejamento fiscal

Este capítulo apresenta uma visão geral do funcionamento do sistema tributário nacional, suas principais regras e princípios, e como ele pode e deve ser utilizado para embasamento de uma adequada estratégia de planejamento fiscal.

Sistema tributário nacional: pontos de destaque

Começaremos o estudo do planejamento fiscal para o universo da empresa com uma introdução de como o sistema funciona. A partir desse conhecimento fundamental dos princípios, normas, conceitos e institutos do direito tributário, poderemos elaborar estratégias adequadas de economia fiscal. Portanto, este capítulo pretende dar ao leitor, estudante ou profissional interessado no tema, a visão geral de como o sistema tributário é moldado a partir da Constituição Federal de 1988, seus principais conceitos, suas regras fundamentais, e de como pode o gestor realizar um eficaz projeto de planejamento tributário, dentro dos limites impostos pela lei.

Em consonância com o que ficou expresso na introdução, não nos propomos a esgotar o tema, nem mesmo a suscitar grandes debates teóricos. A obra tem caráter acadêmico, de forma a servir de fonte de consulta, e mostra, por meio de comentários e exemplos, como a tributação pode e deve ser tratada dentro do universo empresarial.

Ao nos referirmos à expressão "sistema tributário", buscamos trazer ao pensamento do leitor a ideia de ordenação, de classificação lógica, de correlação entre unidades de um todo. Segundo Carvalho (2001), sistema jurídico significa o conjunto de normas que se relacionam entre si de várias formas, conforme um princípio unificador. O sistema tributário nacional, por sua vez, é um conjunto de leis e princípios que impõem uma série de tributos, os quais servirão para viabilizar os fins sociais, econômicos e políticos do Estado.

O sistema tributário brasileiro está construído de acordo com o modelo econômico adotado na CF/88, fundado na propriedade privada. O padrão idealizado pelo legislador para o desenvolvimento de uma política econômica e social adequada à realidade nacional está definido a partir do art. 1º da Constituição Federal, abrangendo também o art. 3º, com destaque para o art. 170.

Nesse contexto ressaltamos que, na Constituição, alcança especial relevo o direito fundamental à propriedade,[1] bem como aqueles que lhe são correlatos: o direito de gerir, usar, gozar e dispor do que é seu. Nesse quadro, destacamos que a tributação, além de ser via própria para que o Estado exerça seu papel — pois à míngua de recursos ele não poderia oferecer aos indivíduos o mínimo existencial a que fazem jus como cidadãos —, deve estar limitada pelo direito que cada um,

[1] CF/88, art. 5º, inciso XXII.

empresa ou pessoa física, tem de organizar e desfrutar de seu próprio patrimônio.[2]

A capacidade contributiva como medida de tributação

Na construção de tal sistema de tributos, o Estado foca na disponibilidade econômica dos contribuintes. Ou seja, toda vez que as pessoas — físicas ou jurídicas — demonstrarem potencial para contribuir com a arrecadação de recursos aos cofres públicos, serão instadas compulsoriamente a fazê-lo. Essa é a marca principal que traduz a natureza jurídica tributária de qualquer exigência de pagamento feita pelo Estado: a compulsoriedade. Patrimônio, renda e consumo são, historicamente, os focos da exigência tributária, visto que sinalizam acréscimos de riqueza. A empresa, principal agente da economia, é onerada nessas três instâncias, uma vez que paga, como se verá nos capítulos adiante desenvolvidos, tributos sobre sua renda, seu patrimônio e sobre o que produz, ou seja, sobre toda a riqueza circulante e seu faturamento.

A empresa sempre buscará repassar a carga tributária que suporta para o consumidor final. Entretanto, existem ônus que lhe são impostos, chamados de obrigações acessórias,[3] que determinam o desvio de foco do seu negócio para cumprir tais imposições legais, gastando excessiva soma de recursos com o que não é sua atividade-fim e, em situações específicas, de grande concorrência, poderá ter que reduzir sua margem de lucro

[2] No julgamento de Ação Direta de Inconstitucionalidade, o STF sufragou a tese da liberdade de organizar o seu próprio negócio e utilizar a forma contratual mais adequada por parte do contribuinte. ADI 173/DF. Relator: ministro Joaquim Barbosa. Julgamento: 25-9-2008.

[3] São entendidas como obrigações acessórias, nos limites deste livro, aquelas de prestar informações, de reter valores, obrigações contábeis e outras, como a de conservar documentação.

em função da tributação, visto que nem toda a carga poderá ser transferida para o preço final daquilo que faz ou vende, pois se agisse dessa forma perderia mercado.

Recorde-se ainda que a empresa, no Brasil, é tributária das três esferas políticas do Estado: União, estado-membro e município, como veremos a seguir.

Partilha da arrecadação

Tudo o que o Estado arrecada é partilhado pelas entidades da Federação. Na divisão dos valores obtidos por meio da tributação, observamos que a União mantém o controle sobre a maior parte dos recursos públicos, pois possui titularidade (competência impositiva) sobre sete impostos (cuja arrecadação, em sua grande maioria, não partilha com as demais unidades da Federação), além de poder impor taxas e outras espécies tributárias.[4] Além disso, acentuamos ser da União a competência residual[5] para criar espécie tributária nova.

Tal quadro da tributação em nosso país preocupa. Ouvimos falar, diariamente, que a carga tributária suportada pela nação é maior do que a capacidade desta para pagar a conta apresentada pelo Estado. Se exemplificarmos unicamente com o imposto de renda da pessoa física, tal afirmativa não é verdadeira. Há países próximos, como a Argentina, onde a alíquota máxima é

[4] "[...] perante a Constituição de 88, não tenho dúvida em manifestar-me afirmativamente. De fato, a par das três modalidades de tributos (os impostos, as taxas e as contribuições de melhoria), a que se refere o art. 145 para declarar que são competentes para instituí-los a União, os estados, o Distrito Federal e os municípios, os arts. 148 e 149 aludem a duas modalidades tributárias, para cuja instituição só a União é competente: o empréstimo compulsório e as contribuições sociais". RE nº 146.733. Ministro Moreira Alves. Julgamento: 29-6-1992. Publicação: *DJ* de 6-11-1992.

[5] A competência residual da União é a possibilidade de que esta venha a criar imposto novo, que não tenha o mesmo fato gerador ou base de cálculo dos impostos já discriminados na Constituição, só podendo ser instituído por meio de lei complementar.

de 35%; no Chile é de 45%.[6] Entretanto, não podemos pensar na carga tributária com relação a apenas um imposto. A questão é que no Brasil existem cinco diferentes espécies tributárias, o que é certamente excessivo para o contribuinte, seja empresa ou pessoa física.

Para aclararmos o quadro geral da tributação nacional, temos que tributo é gênero,[7] do qual fazem parte cinco espécies distintas:

- os impostos, que são 13, sendo sete da União, três dos estados-membros e três dos municípios, conforme sintetizado no quadro 1;
- as contribuições especiais, que se subdividem em sociais de caráter geral, sociais para as categorias profissionais, as de intervenção no domínio econômico e as destinadas à seguridade social, que suportam a previdência, a saúde e a assistência social, conforme pode ser visto no quadro 2;
- as taxas, cobradas em decorrência de prestação de serviço público específico e divisível, e taxa de exercício de poder de polícia;
- as contribuições de melhoria, cobradas em função de obra pública relevante que beneficie particularmente determinado grupo específico de cidadãos;
- os empréstimos compulsórios, que são tributos restituíveis, criados para atender a despesas extraordinárias provenientes de guerra externa ou calamidade pública e para fazer frente a investimento público urgente e de interesse nacional.

---

[6] Secretaria da Receita Federal (2004).

[7] Tributo é toda prestação pecuniária compulsória em moeda ou em bens que possam se exprimir em valor monetário, que não represente sanção de ato ilícito, cobrada mediante atividade vinculada da administração e veiculada por meio de lei (de acordo com o CTN, art. 3º).

Quadro 1

IMPOSTOS

Imposto	Competência	Sede legal	Função principal (*)
Imposto sobre importação	União	153, I CF; 19 CTN	Extrafiscal
Imposto sobre exportação	União	153, II CF; 23 CTN	Extrafiscal
Imposto de renda	União	153, III CF; 43 CTN	Fiscal e extrafiscal
IPI	União	153, IV CF; 46 CTN	Fiscal e extrafiscal
IOF	União	153, V CF; 63 CTN	Extrafiscal
ITR	União	153, VI CF; 43 CTN	Extrafiscal
Grandes fortunas	União	153, VII CF	Não regulado
ITCMD	Estado	155, I CF	Fiscal e extrafiscal
ICMS	Estado	155, II CF	Fiscal e extrafiscal
IPVA	Estado	155, III CF	Fiscal e extrafiscal
IPTU	Município	156, I CF	Fiscal e extrafiscal
ITBI	Município	156, II CF	Fiscal
ISS	Município	156, III CF	Fiscal

(*) Função fiscal do tributo é o objetivo arrecadatório por excelência; função extrafiscal representa, em geral, um estímulo ou desestímulo a uma atividade econômica ou a determinada política econômica governamental.

As contribuições especiais distinguem-se dos impostos por terem destinação específica.

Quadro 2

ESPÉCIES TRIBUTÁRIAS: CONTRIBUIÇÕES ESPECIAIS

Tipo	Exemplo
Contribuições sociais gerais	FGTS, salário-educação, PIS/Pasep
Contribuições sociais de seguridade	Cofins, CSLL, previdenciária
Contribuições de interesse de categorias profissionais	Crea, CRC, CRADM
Contribuições de intervenção no domínio econômico	Cide petróleo, Cide tecnologia

Conforme dissemos, o Brasil possui sistema tributário complexo, fato que por si só já reduz o interesse das empresas multinacionais em se estabelecerem no país ou fazerem negócio com as empresas nacionais.[8] A simplificação do sistema é uma das maiores reivindicações dos empresários, pois esta complexa malha tributária impõe significativos custos de transação. Além disso, devemos ainda considerar a situação internacional, na qual a tributação não pode funcionar como barreira para a livre circulação de bens e serviços.

O planejamento tributário, sob pena de vir a ser inócuo ou ineficaz, deve considerar premissas econômicas globais, além das nacionais. Não podemos esquecer que a tributação é instrumento que o Estado detém para operacionalizar suas políticas para a nação, levando em consideração, entre outros fatores, as estratégias cambial, de comércio exterior, de harmonização entre os sistemas produtivos internos e externos, de gestão das dívidas interna e externa e de incentivo à atividade econômica e à distribuição de renda.

Lembramos que a tributação é ferramenta para alcançarmos eficiência econômica, estimulando a produção e o investimento em setores estratégicos, com a geração de emprego e renda. Tais medidas, de urgentíssima implantação pelo poder público, não podem vir dissociadas do atendimento de outras necessidades do país, como a facilitação do cumprimento das obrigações fiscais, o combate à sonegação e a redução do número de tributos sobre as atividades produtivas.

As principais figuras da tributação

Neste momento, destacamos, no trabalho do profissional que está prestes a realizar um adequado planejamento tributário,

---

[8] Remetemos o leitor para o documento "Doing business in Brazil, 2009". Disponível em: <www.worldbank.com>.

a relevância do pleno entendimento das figuras da tributação. Neste livro apenas nos referimos aos conceitos fundamentais, indispensáveis para a compreensão de como o sistema tributário opera. O interessado no tema poderá consultar a bibliografia para aprofundar seus estudos.

Em primeiro lugar, cumpre tecermos comentários sobre o fato gerador, circunstância da vida representada por um fato, ato ou situação jurídica que, definida em lei, dá nascimento à obrigação tributária. Por fato jurídico entendemos aquele que é retirado do cotidiano e ao qual o direito confere efeitos. Assim, por exemplo, a morte é um fato da vida que o direito qualifica como importante para fazer surgir a obrigação tributária na transmissão do patrimônio do falecido. O fato gerador[9] deve vir abstratamente definido na norma tributária e se tornar concreto, isto é, ser realizado pelo sujeito passivo, para que exista a obrigação de pagar a exação. São elementos dele: o aspecto material, o temporal, o espacial, o quantitativo e o subjetivo.

O núcleo ou aspecto material é a substância do ato, fato ou situação jurídica sobre a qual incide o tributo. Por exemplo: a propriedade imobiliária urbana, IPTU; a aquisição de disponibilidade econômica ou jurídica de renda ou proventos de qualquer natureza, IR; o faturamento, Cofins e PIS.

O aspecto temporal representa o momento exato em que o fato gerador ocorre. Se for instantâneo, ocorre em certa fração de tempo e nela se esgota completamente. Exemplos: na incidência do imposto de renda na fonte a cada pagamento de rendimento, na importação de bens a cada entrada de mercadoria em solo nacional. Se for periódico, irá ocorrer ao longo do tempo, sendo

[9] No rigor da doutrina sobre o tema, há distinção entre a previsão legal que elege um fato, ato ou negócio jurídico para a incidência tributária — chamada, neste caso, de hipótese de incidência — e a concretização desta hipótese no mundo real, que é denominada fato gerador.

relevante que nesse ínterim aconteçam as situações previstas na norma jurídica para sua completude, como acontece com os tributos que incidem sobre o faturamento. Por fim, se for continuado, representa uma situação que se mantém no tempo e que é mensurada em um determinado momento, como os tributos sobre o patrimônio, a exemplo do IPTU e do IPVA.

O tributo e o tempo: decadência e prescrição

A questão da temporalidade do fato gerador é de suma importância para o contribuinte. Em primeiro lugar, para que ele tenha certeza sobre a lei que irá ser aplicada, que será aquela do momento em que o fato gerador se torna completo e acabado. Em segundo lugar, porque o fator tempo é fundamental para a sobrevivência ou não, tanto da obrigação quanto do crédito tributário. Nesse ponto devemos chamar a atenção do leitor para a existência de um tempo de constituição da obrigação e um tempo de efetuação do lançamento e materialização do crédito tributário. Ultrapassados tais espaços de tempo, ou morre a obrigação ou o direito de cobrar o crédito tributário. A primeira hipótese será de decadência. A segunda, de prescrição do crédito. Em ambas, contudo, o fisco perde o direito de obter o pagamento dos valores devidos.

Esclarecendo: a decadência, também chamada de caducidade, é o desaparecimento do próprio direito por não ter sido exercido no prazo que a lei confere ao seu titular (este entendido como o Estado, no caso da exigência de pagamento do tributo). A prescrição é o desaparecimento do direito de ação, ou seja, do direito de propor uma ação (execução fiscal) para cobrar o crédito tributário.

A relevância desses dois fenômenos não é desprezível. Vamos exemplificar: se a empresa quantificou a menor determinado ICMS devido em uma operação, tendo escriturado o imposto, mas deixando de recolher, por erro, parte do valor devido, o Estado terá[10] o prazo de cinco anos, contados a partir da data do fato gerador (quando a mercadoria circulou) para verificar a correção do pagamento feito. Caso não atue nesse sentido, haverá a chamada homologação tácita, e mesmo que a empresa tenha recolhido importância a menor, não poderá ser cobrada da eventual diferença, pois ocorreu a decadência.

Com relação aos tributos que não obedecem ao lançamento por homologação, e quando não há recolhimento algum do tributo devido, a decadência ocorre no prazo de cinco anos contados a partir do primeiro dia do exercício seguinte ao que o lançamento poderia ser efetuado. Esses prazos não têm aplicação quando existe indício de fraude ou sonegação, visto estarmos então na presença de crime. Além disso, a Fazenda também tem o prazo de cinco anos, após a constituição do crédito tributário (após ter sido efetivado o lançamento), para cobrar o valor devido em face da ocorrência do fato gerador. Se não o faz, há o fenômeno da prescrição, que ocorre em cinco anos contados da data da definitiva constituição de tal crédito.[11]

Ressalvemos, portanto, que enquanto estiver suspensa a cobrança do crédito tributário — por exemplo, por recurso do contribuinte —, não corre o prazo de prescrição. Outra observação importante diz respeito à prescrição dos créditos previdenciários, que, segundo entendimento do Supremo Tribunal Federal, passa a ser de cinco anos.[12] A figura 1 representa graficamente a decadência e a prescrição.

---

[10] CTN, art. 150, §4º.

[11] CTN, arts. 173 e 174.

[12] A Súmula Vinculante nº 8, ao declarar a inconstitucionalidade dos arts. 45 e 46 da Lei nº 8.212/1991, pacificou a questão relativa ao prazo de cobrança dos créditos previdenciários, que passa a ser de cinco anos.

Figura 1
O TEMPO E A TRIBUTAÇÃO

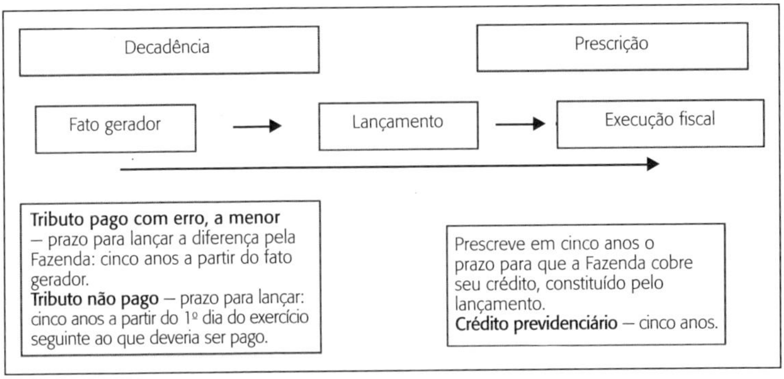

Lançamento

Outro elemento importante que paira na dinâmica da temporalidade do fato gerador é o lançamento fiscal. O conceito de lançamento envolve divergência na doutrina. Enquanto alguns o definem como ato administrativo (Ataliba, Baleeiro, Falcão, Carvalho), outros o qualificam como procedimento administrativo (Lacombe, Rosa Jr.) e há, ainda, os que afirmam que o termo tem um sentido múltiplo, como José Souto Maior Borges. Este doutrinador explica que lançamento é entendido como procedimento administrativo, ou seja, como sucessão de vários atos jurídicos, visando obter a mesma finalidade: a valoração quantitativa e qualitativa das situações escolhidas pela lei como pressupostos de incidência tributária.[13]

Todavia, pela leitura do *caput* do art. 144 e do art. 150 do CTN, lançamento é entendido como produto final de um procedimento, ou seja, como um ato administrativo que torna exigível o crédito tributário.

[13] CTN, arts. 142 e 144, §1º.

O conteúdo do lançamento fiscal é preenchido com a constatação formal da ocorrência do fato jurídico adequado ao conceito abstrato e genérico da hipótese normativa tributária descrita em lei; com a identificação do sujeito passivo, contribuinte ou responsável, conforme os critérios definidos em lei; com a apuração do montante a pagar, por meio da determinação da base de cálculo e da alíquota legalmente previstas; com a definição dos termos da exigibilidade do tributo (prazos e condições de pagamento).

O CTN contempla três modalidades de lançamento tributário, segundo o grau de colaboração que o sujeito passivo, normalmente o contribuinte ou terceiro, esteja compelido a prestar à administração: por declaração, de ofício e por homologação.

O art. 147 trata do lançamento por declaração, aquele em que o contribuinte ou terceiro presta informações quanto à matéria de fato ao fisco, sendo tais informações indispensáveis à efetivação do lançamento. É errôneo denominar tal forma de lançamento como "mista", eis que o lançamento, seja qual for sua modalidade, é ato privativo da administração. As declarações prestadas pelo contribuinte ou por terceiro apenas servem de suporte para a prática do lançamento.

Sobre isso, pode-se dizer que o lançamento por declaração ocorre em relação aos impostos em que o fisco só toma ciência da ocorrência do fato gerador ou de circunstância específica a ele relacionada após ser cientificado pelo contribuinte ou terceiro, como acontece, por exemplo, com os impostos de importação e exportação, ou de transmissão de bens por morte ou por ato de vontade.

Segundo a regra contida no §1º do art. 147 do CTN, o contribuinte só pode retificar a declaração feita com erro até a notificação do lançamento. Depois, não podemos falar em retificação, mas em revisão ou anulação do lançamento defeituoso, pela via administrativa ou judicial. O contribuinte pode denunciar o erro que cometeu, involuntária ou voluntariamente, a qualquer hora, ficando excluída a sua responsabilidade por infrações e afastada a imposição de qualquer penalidade.[14]

O lançamento de ofício está previsto no art. 149 do mesmo diploma legal. É também conhecido como lançamento direto, por ser feito diretamente pela administração, sem colaboração do contribuinte, como ocorre com o IPTU. As hipóteses desse tipo de lançamento — exceto o inciso I, que diz respeito à escolha dessa espécie de lançamento pela pessoa competente — apontam a adoção do lançamento de ofício nos casos em que o tributo deveria ter sido lançado por declaração ou homologação, mas nos quais foi observado vício a determinar o lançamento de ofício.

O prazo para lançar ou rever o lançamento de ofício é decadencial, conforme esclarecido adiante, e está previsto no parágrafo único do art. 149 do CTN: cinco anos, estipulados de acordo com o disposto no art. 173, I, do mesmo diploma legal (contamos o prazo a partir do primeiro dia do exercício seguinte àquele em que o lançamento poderia ser efetuado).

Por fim, temos o lançamento por homologação, que ocorre quando o contribuinte deve antecipar o pagamento do tributo sem o prévio exame da autoridade administrativa e aperfeiçoa-se pelo ato em que a referida autoridade, tomando conhecimento da atividade exercida pelo obrigado, homologa-a se estiver correta, ou faz o lançamento suplementar, para haver a diferença verificada em favor do fisco.[15]

---

[14] CTN, art. 138. Nesse sentido, recente jurisprudência do Superior Tribunal de Justiça, relativa ao REsp nº 1167028/RS: "1. Apresentada DCTF retificadora acompanhada do pagamento do tributo devido, *antes* de qualquer providência do fisco, faz jus o contribuinte ao benefício da *denúncia espontânea*. Precedentes. 2. Recurso especial provido" (grifos nossos).

[15] CTN, art. 150.

Esse tipo de lançamento é usado para os impostos, como ICMS, IPI, IOF, IR e as contribuições sociais. Os tributos lançados por meio de homologação são cada vez em maior número, o que levou alguns doutrinadores a chamar tal fenômeno de "privatização da gestão tributária". Isso porque o contribuinte não se limita mais a fornecer dados e fatos relevantes, mas deve também quantificar o tributo e recolhê-lo aos cofres públicos, no montante e no tempo devidos, na forma prevista em lei, o que aumenta seus gastos.[16] O prazo para a homologação é decadencial de cinco anos, a contar da data da ocorrência do fato gerador. Trata-se de prazo mais curto, menos favorável à administração, pois o contribuinte cumpriu parcialmente com seu dever de cidadania. A inexistência de pagamento do tributo que deveria ser lançado por homologação, ou a prática de dolo, fraude ou simulação por parte do sujeito passivo atraem o lançamento de ofício. Nesse caso é inaplicável a contagem do tempo que está inscrita no §4º do art. 150, devendo ser usada aquela prevista no §1º do art.173 do CTN; daí a ressalva contida na parte final do §4º do art. 150. A matéria é controversa, havendo quem defenda que, na hipótese de dolo, fraude ou simulação, o prazo seria prescricional ao do NCC para anular o ato jurídico praticado mediante fraude, que atualmente é de 10 anos.[17]

Local de pagamento do tributo

Ainda em relação ao fato gerador, temos o aspecto espacial, que é o local onde ocorre tal fato e também diz respeito ao domicílio do contribuinte. A regra geral com referência ao domicílio fiscal é a liberdade de escolha, se a lei que cria o tributo

[16] *Compliance costs of taxation*, ou seja, custos de conformidade com a tributação.
[17] NCC, art. 205.

não dispuser de outra forma. Contudo, o próprio CTN dispõe algumas regras para o caso de ausência ou impossibilidade de opção do domicílio fiscal.[18]

Assim, quando se tratar de pessoa natural, o domicílio será sua residência habitual ou, sendo esta incerta ou não sabida, o local cotidiano de suas atividades. As pessoas jurídicas de direito privado e as firmas individuais têm como domicílio o local de sua sede. Se tiverem vários estabelecimentos, cada um será considerado domicílio em relação aos atos ou fatos que derem origem à obrigação tributária. As pessoas jurídicas de direito público, que podem ser contribuintes dos tributos contraprestacionais (taxas e contribuições de melhoria), embora não o possam ser dos impostos, eis que imunes, têm o domicílio em qualquer de suas repartições no território da entidade tributante. Quando não couber a aplicação de uma dessas regras, ou quando o fisco não aceitar o domicílio eleito, será considerado como domicílio tributário do contribuinte ou responsável o lugar da situação dos bens ou da ocorrência dos atos ou fatos que deram origem à obrigação.[19]

Elementos quantitativos do tributo

No que diz respeito ao planejamento tributário, devemos ressaltar o aspecto quantitativo do fato gerador, visto ser este o foco da atenção do gestor de tributos. São os elementos matemáticos que permitem mensurar e estabelecer o valor que será

---

[18] Na atualidade, existe grande discussão sobre o local onde deva ser recolhido o ISS. A LC nº 116/2003, contudo, em seu art. 3º, escolheu *como regra base* o local do estabelecimento do prestador ou de seu domicílio, exceto para as hipóteses discriminadas nos incisos I a XXII.

[19] CTN, art. 127.

pago pelo contribuinte. O elemento quantitativo é composto pela base de cálculo e pela alíquota.

A base de cálculo tem íntima ligação com o aspecto material do fato gerador e expressa uma grandeza econômica sobre a qual incide a alíquota. No caso do imposto de renda, por exemplo, a base de cálculo é o montante de renda obtido em determinado período.[20] No caso do IPTU, o valor venal do imóvel. A base de cálculo pode vir expressa em dinheiro ou em outra medida técnica, como quantidade, peso ou extensão.

A alíquota[21] é uma ordem de grandeza ou percentual a incidir sobre a base de cálculo. Ela pode ser específica ou *ad valorem*. As alíquotas específicas são expressas em dinheiro e incidem sobre base de cálculo técnica, referida em montante distinto da moeda. As alíquotas *ad valorem* expressam-se em percentuais e incidem sobre base de cálculo mensurada em dinheiro.

Elemento subjetivo do tributo

Por último, há o elemento subjetivo ligado ao fato gerador. Ele diz respeito aos sujeitos envolvidos na relação tributária, que são os sujeitos ativo e passivo. O primeiro é a pessoa jurídica de direito público titular da competência para exigir o cumprimento da obrigação tributária: o Estado. Já o segundo é a

[20] Por exemplo, é fundamental para a escolha do sistema de recolhimento do imposto de renda considerar as possibilidades de dedução que a empresa possui, para determinar sobre qual base de cálculo incidirá a tributação. Muitas rubricas são geralmente esquecidas, causando, ao final, transtornos para o contribuinte, que poderá fazer uma opção equivocada por falta de informação adequada.

[21] Importante tática de planejamento está em agregar pequena melhoria ao produto comercializado pela empresa, fazendo com que, dessa forma, ele venha a gozar de um benefício fiscal ou seja catalogado em uma rubrica mais favorável na tabela de classificação dos produtos ou mercadorias, como acontece, por exemplo, no caso dos produtos industrializados aos quais se agregam componentes de automação.

pessoa obrigada a pagar o tributo ou a penalidade, bem como a praticar os deveres instrumentais ligados à obrigação tributária. O sujeito passivo pode ser de três espécies: o contribuinte, que é o que realiza o fato gerador da obrigação tributária; o responsável, aquele que, não sendo contribuinte, é obrigado por lei a pagar o tributo; e o substituto, que, como o próprio nome indica, por determinação legal fica no lugar do contribuinte, encontrando-se unido ao mesmo por participar do mesmo ciclo criador de riqueza.

Examinadas as principais figuras da tributação, é fundamental ver como atuam seus princípios. Eles têm especial importância, pois sabemos que o Supremo Tribunal Federal, onde deságuam todas as demandas tributárias de ressonância nacional, julga sempre em bases principiológicas.

Princípios do sistema tributário

Passemos aos princípios e normas que instruem a sistemática tributária e constituem a ferramenta de trabalho para todo profissional de gestão tributária. Os princípios[22] constitucionais referentes à tributação são limites ao poder de tributar, daí se retirando a importância indiscutível deles para a proteção dos direitos do contribuinte. O Brasil é um Estado democrático de direito, expressão que revela, a um só tempo, o sistema político ao qual o país se vincula, que é a democracia, como também os ideais que direcionam a atuação do Estado, que se resumem no respeito aos direitos de cidadania ligados à ordem constitucional, na qual os direitos fundamentais do

[22] A par de ser a relação entre o tributante e o contribuinte uma relação de poder, é também nitidamente jurídica. Como tal, devem ser examinadas as prescrições mais importantes no disciplinamento dessa relação, as quais são geralmente designadas como princípios jurídicos da tributação.

cidadão convertem-se em instrumentos efetivos para o pleno desenvolvimento da pessoa.

No campo do direito tributário, os princípios aparecem como especificações das garantias individuais (isonomia, legalidade, irretroatividade, anterioridade, imunidade) ou da própria estruturação do Estado (como ocorre com o princípio federativo e a alocação de recursos para cada unidade da Federação). Assim, compõem o núcleo imodificável da Constituição.[23]

Destacamos do texto constitucional os princípios enumerados em seu art. 150 e incisos. Entretanto, antes de referirmo-nos topicamente ao conteúdo de cada um desses vetores do sistema, devemos mencionar que, da seção I, capítulo I do título VI da Carta Magna, podemos retirar os princípios gerais da tributação: princípio das espécies tributárias, que são impostos, taxas, contribuições de melhoria, contribuições sociais, empréstimos compulsórios; e princípio da lei complementar, que existe para dar unicidade e organicidade ao sistema tributário nacional, por meio da discriminação das competências atribuídas a tal espécie normativa pelos incisos do art. 146.

Mencionamos o princípio da capacidade contributiva que, em tributação, desponta como a norma matriz de todo o sistema,[24] e aponta para a necessidade de que os tributos sejam graduados segundo a capacidade econômica do contribuinte, traduzindo a possibilidade de a pessoa (física ou jurídica) contribuir para os cofres públicos. Ressaltemos o caráter subjetivo e o caráter objetivo desse princípio. O elemento subjetivo leva em conta as particularidades do sujeito contribuinte.[25] Já o

---

[23] CF/88, art. 60, §4º.

[24] CF/88, art. 145, §1º.

[25] Considerando as especificidades do contribuinte, o portador de doença crônica grave, discriminada na Lei nº 7.713/1988, conforme redação da Lei nº 11.152/2004, está isento do imposto de renda sobre seus proventos de aposentadoria ou reforma, conforme seu inciso XIV.

objetivo é a determinação imposta ao Estado de tributar de acordo com os sinais exteriores de riqueza dos agentes econômicos, materializados na renda, no patrimônio e no consumo que ostentam.[26]

Importante se observar que o fato gerador de cada tributo deve guardar conexão com a capacidade contributiva. Impossível, portanto, seria a criação de um imposto que não tivesse qualquer relação de pertinência com a capacidade de gerar riqueza nova. Da mesma maneira, deve existir coerência entre o imposto instituído e a capacidade de contribuir por meio da imposição tributária. Vinculado ao princípio da capacidade contributiva está o da impossibilidade de instituir tributo com efeito confiscatório.

A CF/88[27] veda o uso da tributação como forma de expropriação de patrimônio. Estamos diante de norma de restrição, endereçada primordialmente ao legislador infraconstitucional. Por essa regra não se pode instituir tributos excessivamente onerosos, que acarretem a perda do patrimônio ou da propriedade, como aconteceria no caso do confisco. Divergem doutrina e jurisprudência sobre como contextualizar o termo

[26] O Estado não só pode como deve identificar o patrimônio, os rendimentos e as atividades econômicas do contribuinte. Nesse sentido, observa-se a decisão do ministro Marco Aurélio Mello do STF: "Ementa. Mandado de Segurança. Sigilo bancário. Instituição financeira executora de política creditícia e financeira do governo federal. Legitimidade do Ministério Público para requisitar informações e documentos destinados a instruir procedimentos administrativos de sua competência. 2. Solicitação de informações, pelo Ministério Público Federal ao Banco do Brasil S.A., sobre concessão de empréstimos, subsidiados pelo Tesouro Nacional, com base em plano de governo, a empresas do setor sucroalcooleiro. 3. Alegação do banco impetrante de não poder informar os beneficiários dos aludidos empréstimos, por estarem protegidos pelo sigilo bancário, previsto no art. 38 da Lei nº 4.595/1964, e ainda, ao entendimento de que dirigente do Banco do Brasil S.A. não é autoridade, para efeito do art. 8º da LC nº 75/1993. 4. O poder de investigação do Estado é dirigido a coibir atividades afrontosas à ordem jurídica e a garantia do sigilo bancário não se estende às atividades ilícitas". Mandado de Segurança nº MS 21.729/DF. Julgamento: 5-10-1995. Publicação: *DJ* de 19-10-2001.

[27] CF/88, art. 150, inciso IV.

"confisco" dentro do ambiente da tributação, uma vez que, aos olhos do contribuinte, quase toda imposição tributária assume tal caráter. Entendemos como confiscatória a exigência fiscal que inviabilize o exercício da função específica da pessoa que sofre a tributação. Assim, a carga tributária não poderá ser de tal ordem que não permita à empresa obter lucro, pois que este é o seu fim específico.[28]

Outro princípio que se encontra implícito no ordenamento jurídico brasileiro é o da segurança jurídica, que representa o direito do contribuinte ao conhecimento, com clareza e exatidão, dos limites e do conteúdo de sua relação com o fisco. A segurança jurídica há de estar vinculada a três distintos pontos de inflexão: a estabilidade da lei; a determinação do direito aplicável ao caso; a certeza sobre os remédios jurídicos colocados à disposição do contribuinte, quando tiver seus direitos atingidos pelo fisco.

Vinculado à segurança encontra-se o princípio da legalidade, ambos refletindo o fortalecimento do Estado de direito e a eliminação do arbítrio. Passemos, portanto, a examinar a legalidade tributária que, em tema de tributação, é adjetivada de estrita. Na verdade, mencionamos aqui a existência de uma diretriz que, ao lado da referência geral inscrita no art. 5º, II, da CF/88 — dispositivo pelo qual ninguém deverá ser obrigado a fazer ou deixar de fazer alguma coisa senão em virtude de lei —, ressalta, no chamado sistema tributário constitucional, a impossibilidade de exigência ou o aumento de tributo sem

[28] Assim decidiu o STF: "Recurso Extraordinário. Agravo Regimental. Contribuição Previdenciária. Alíquota Progressiva. 1. O acórdão recorrido está em consonância com o entendimento do Plenário deste Supremo Tribunal que, no julgamento da ADI nº 2.010-MC, assentou que a instituição de alíquotas progressivas para a contribuição previdenciária dos servidores públicos ofende o princípio da vedação à utilização de qualquer tributo com efeito de confisco (art. 150, IV, da Constituição)". RE nº 414.915 – AgR/PR. Supremo Tribunal Federal. Ministra Ellen Gracie. Julgamento 21-3-2006. Publicação: *DJ* de 20-4-2006.

que a lei o estabeleça.[29] A relevância desta regra — em um país onde, a cada necessidade de última hora, o poder público se vê tentado a utilizar a tributação como forma de preencher as falhas do orçamento — deve ser destacada. Além disso, seu campo de abrangência inclui a política de incentivos fiscais, a concessão e revogação de isenções, bem como a restituição de tributos pagos indevidamente.

A instituição de tributos constitui, sem sombra de dúvida, uma limitação à esfera da liberdade patrimonial — como acontece no que diz respeito aos direitos de propriedade e à disposição sobre os rendimentos do trabalho e do capital. Assim, a exigência de lei para criar ou majorar tributos é corolário do Estado democrático de direito, já que traduz a importância da vontade popular, representada pelo Parlamento, e pode estabelecer exações.

Ainda ligado à questão da segurança jurídica, temos o princípio da tipicidade. No que diz respeito ao direito tributário, consideramos, a despeito da crítica de vários tributaristas de renome[30] e de não haver unanimidade de entendimento entre os autores deste livro, a tese da tipicidade fechada, na qual a figura da tributação vem completamente definida em todos os seus elementos, porque só dessa forma podemos realizar materialmente o princípio da legalidade e a segurança jurídica do contribuinte.

É indiscutível a existência de uma forte tensão entre livre iniciativa e poder de tributar, a reclamar a intervenção do Estado para limitar e controlar, de forma ampla, os atos estatais que afetam bens e interesses individuais fundamentais, tais como

---

[29] CF/88, art. 150, inciso I.

[30] Marco Aurélio Greco (2004) afirma que é possível, em tema de tributação, prever *standards*, padrões de conduta, padrões de fatos, em vez de prever condutas ou fatos individualizados e específicos.

a propriedade, a liberdade de dispor do próprio patrimônio, a segurança. Podemos inferir, do ordenamento jurídico como um todo, que existe um princípio da preservação da empresa,[31] vinculado inclusive à capacidade contributiva que foi anteriormente expressa. Tanto assim que o §1º do art. 145 da CF/88 impõe à administração fiscal o respeito às atividades econômicas do contribuinte.

Não menos importante é o princípio da isonomia, que tem sua matriz constitucional no art. 5º, *caput*, da CF/88. Em Rosa Jr. (2003), temos que a igualdade tributária há muito foi defendida por Adam Smith sob a denominação de princípio da justiça tributária, pelo qual os súditos deveriam contribuir para o Estado na proporção de suas capacidades, isto é, na medida em que obtivessem rendas. O princípio da igualdade tributária aponta para dois focos de atenção distintos: a generalidade e a uniformidade dos tributos. Pela vertente da generalidade entendemos que todos devem pagar tributos, sem privilégios. Pela vertente da uniformidade, enfatizamos que os tributos devem ser repartidos pelos cidadãos com idênticos critérios.

É justamente em obediência ao princípio da isonomia que o Estado vai criar níveis de tributação diversos, como no IRPJ, que examinaremos no capítulo 2. Para aquelas empresas com menor capacidade de contribuição foi criado um sistema simplificado de tributação. Ainda, a Constituição, em seu art. 150, inciso II, consagra o princípio da igualdade tributária ao vedar à União, aos estados, aos municípios e ao Distrito Federal "instituir tratamento desigual entre contribuintes que se encontram em situação equivalente, proibida qualquer distinção em

[31] O princípio da preservação da empresa, que aparece com destaque no novo instituto de recuperação dessas unidades econômicas, nada mais é do que um reflexo da livre iniciativa, e considera de fundamental importância cuidar da manutenção da empresa como agente da economia vivo e operante, eis que este gera emprego, dinamiza a economia, faz circular a riqueza e, por fim, permite que a tributação se materialize.

razão de ocupação profissional ou função por eles exercida". Tal dispositivo teve como objetivo específico fazer com que os militares, magistrados e parlamentares pagassem o imposto de renda sobre a totalidade de suas remunerações, eis que os contribuintes que apresentam as mesmas condições devem ser tributados de igual modo.

Algumas regras devem ser consideradas: a igualdade tributária não é absoluta, mas relativa, pois devemos anotar que só há igualdade, materialmente falando, quando consideramos as especificidades das situações e condições vivenciadas pelo contribuinte; a lei fiscal deve ser igual para todas as pessoas iguais, isto é, para todos os que desfrutem das mesmas condições de fato para contribuir. A existência de desigualdades justifica a criação de categorias ou classes distintas de contribuintes.

Podemos assinalar que os princípios que regulam a vigência e eficácia da lei tributária estão também unidos à questão da segurança jurídica. Em primeiro lugar, o princípio da irretroatividade. A CF/88 consagra a irretroatividade de forma ampla no art. 5º, XXXVI, e de forma específica para o contribuinte em seu art. 150, III, alínea "a". Em virtude dessa normativa, a lei não pode retroagir e atingir fato gerador ocorrido anteriormente a ela. As exceções são para as normas de caráter interpretativo e lei mais benéfica para o contribuinte, inclusive as que deixem de definir determinado ato como infração tributária, desde que este não tenha sido definitivamente julgado.[32]

[32] Dessa forma, o STJ considerou impossível adotar para o contribuinte as exigências dispostas no art. 170-A do CTN, uma vez que o pedido de compensação de créditos tributários fora feito anteriormente à vigência da LC nº 104/2001, que introduziu esse novo dispositivo no código em tela. Assim: "A Primeira Seção desta Corte, no julgamento do REsp nº 488.992/MG, firmou entendimento no sentido da não aplicação retroativa dos sucessivos regimes legais de compensação tributária. Recurso especial provido". Superior Tribunal de Justiça, REsp nº 611604. Ministra Denise Arruda. Julgamento: 3-8-2006. Publicação: *DJ* de 28-8-2006.

Destacamos o princípio da não surpresa ou da dupla anterioridade,[33] também conhecido como noventena, que determina que o tributo não poderá ser cobrado antes de noventa dias da publicação da lei que o majorou ou instituiu.[34]

Por fim, temos o princípio da anterioridade, que veda a cobrança de qualquer tributo, em cada exercício, sem que a lei que o instituiu tenha sido publicada no exercício anterior. O escopo desse princípio, como de todos os que se referem à aplicação da lei tributária no tempo, é proteger a segurança do contribuinte em relação às obrigações tributárias que deverá suportar em determinado ano-calendário.

Rosa Jr. (2003) ainda enumera uma série de princípios relativos à matéria tributária, entre os quais: vedação à limitação do tráfego de pessoas e bens entre as unidades da Federação (CF art. 150, V), princípio geral da uniformidade tributária (CF art. 151, I) e princípio da não cumulatividade (CF art. 155, §2º, I).

É importante ressaltar o princípio das imunidades, ou vedações constitucionalmente firmadas ao poder de tributar, um tema importante para o planejamento tributário.[35] As imunidades localizam-se no art. 150, VI, da CF/88, que exclui a incidência de determinados tributos para certas pessoas ou bens, em especial pela relevância social que possuem ou pela importância da atividade que desempenham. O fundamento das imunidades tributárias é eminentemente político, elegendo o

[33] CF/88, art. 150, inciso III, alínea "c".

[34] Existem exceções previstas no §1º do art. 150 da CF/88: o princípio da noventena não se aplica a empréstimos compulsórios para atender a despesas extraordinárias, imposto de importação, exportação, renda, IOF, imposto extraordinário de guerra, nem à fixação da base de cálculo do IPVA e do IPTU.

[35] O gestor de tributos tem de ter conhecimento sobre todos os benefícios fiscais que pode utilizar. As imunidades são espécie deste gênero. Assim, por exemplo, o RE nº 578.562/BA, em que o Supremo entendeu que os cemitérios são abrangidos pela imunidade concedida aos templos religiosos, e o RE nº 363.412 AgR/BA, em que reconheceu a imunidade da Infraero no que diz respeito ao serviço que presta.

legislador valores que devem ser postos a salvo da tributação. A jurisprudência entende que a interpretação desse instituto deve ser ampliativa, dada a importância que possui. É relevante destacar, ainda, que as imunidades dizem respeito aos impostos.[36]

Entre as pessoas que possuem imunidade, que só diz respeito a impostos sobre patrimônio, renda e serviços relacionados com as finalidades essenciais das referidas entidades, encontram-se as associações sem fins lucrativos. É imunidade subjetiva que vem regulada em lei complementar: o CTN. No art. 14 do CTN enumeram-se os requisitos para que essas entidades tenham o direito a gozar da imunidade: não terem finalidade lucrativa nem exercerem atividade comercial; aplicarem integralmente seus recursos no país; manterem a escrituração de suas receitas e despesas em livros próprios.

Encerrada a rápida análise sobre os princípios que regulam o sistema tributário nacional, cumpre-nos comentar, em curtas notas, a legislação tributária que atua de forma dúplice em relação ao contribuinte: ela é origem e limite de toda obrigação imposta pelo fisco. É justamente nas frestas da legislação que o profissional de tributos irá trabalhar para obter economia fiscal.

Fontes da obrigação tributária

Falamos em fontes da obrigação tributária como se ela decorresse exclusivamente da lei. Não é verdade. Para que exista a imposição fiscal é necessário, como já foi mencionado, um ato de vontade: o contribuinte deve praticar o fato gerador, descrito na norma como suficiente e necessário para fazer nascer a obrigação de pagar o tributo devido.

[36] CF/88, art. 150, inciso VI.

Em relação às fontes, a CF/88 é referência primordial. Em nosso ordenamento jurídico, a Carta Magna assume especial relevância quanto ao tema dos tributos, entre outros motivos porque temos um sistema rígido, no qual a Constituição só pode ser alterada mediante o preenchimento de determinados pressupostos; e, também, pela existência de um controle de constitucionalidade das leis e dos atos normativos emanados do Poder Executivo e pela discriminação constitucional da partilha tributária entre as três diferentes instâncias da Federação. Os dispositivos constitucionais, além de serem hierarquicamente superiores — portanto, vão moldar todo o resto do sistema —, tratam de matéria de alta relevância para os destinos da nação. Digamos o mesmo da emenda constitucional que, inserida no texto da Lei Maior, com ela guarda identidade.

O CTN, que tem *status* de lei complementar, deve ser destacado aqui. A lei complementar é aquela que completa uma norma constitucional não autoexecutável, ou seja, sem eficácia imediata. Em matéria tributária, a mais importante lei complementar é a promulgada para atender o determinado no art. 146 da Carta Magna, justamente o CTN (Lei nº 5.172/1966), que embora não aprovado sob a forma de lei complementar, porque à época não existia tal espécie normativa, com o texto da Carta de 1967 foi elevado a esse *status*.

A CF/88 refere-se ainda à necessidade de lei complementar para a instituição de empréstimo compulsório (art. 148), criação das contribuições sociais (art. 149), fixação da competência residual da União na criação de impostos (art. 154) e instituição de imposto sobre grandes fortunas (art. 153, VII).

No quadro das fontes do direito tributário, notamos a importância da lei ordinária, instrumento por excelência de criação e majoração do tributo. A lei é a fonte, com primazia, do direito. Contudo, não é qualquer lei que basta para satisfazer o princípio da legalidade no campo fiscal. É necessário que a lei descreva o fato gerador da obrigação principal, determine a alíquota e a base de cálculo, bem como os sujeitos ativo e passivo do tributo. Assim, a lei ordinária deve abranger todos os aspectos relevantes atinentes à criação, extinção e modificação da obrigação tributária, incluindo-se aí as penalidades no caso de seu não cumprimento.

O art. 97 do CTN enumera as diversas hipóteses a serem reguladas com exclusividade pelas leis ordinárias. São elas: criação, majoração, redução, extinção e suspensão do tributo, fixação da base de cálculo e de alíquota e cominação de penalidades.

Idêntico tratamento no universo jurídico recebem as medidas provisórias, eis que elas têm vocação de lei. Quanto aos tratados internacionais,[37] têm *status* de lei tão logo ingressam no ordenamento jurídico pátrio, ao serem aprovados por meio de decretos legislativos, e constituem-se em interessante instrumento de planejamento fiscal ante os inúmeros acordos firmados pelo Brasil, nos quais geralmente aparece cláusula de nação mais favorecida. Por meio desses ajustes, se forem permitidas mais concessões a um terceiro país, elas se tornarão extensivas automaticamente aos signatários do tratado.

Vale a pena, ainda, destacar o art. 100 do CTN, referente às chamadas normas complementares. Nesse campo, em patamar inferior ao das leis mas como preciosa fonte de orientação do contribuinte, existe vasta gama de regras que se inserem na expressão "legislação tributária". São decretos, convênios, instruções, portarias, atos declaratórios que visam, precipuamente, regular e especificar o alcance do texto legal, sendo-lhes vedado inovar o conteúdo da norma.[38] Nessa espécie de normas

---

[37] CTN, art. 98.

[38] Como exemplo: "Constitucional. Tributário. Regulamento do ICMS. Base de cálculo. Matéria de Lei Complementar. Decreto Estadual que invade competência da Constituição Federal. Liminar deferida". Supremo Tribunal Federal. ADI-MC nº 1.951/MG. Relator: ministro Nelson Jobim. Julgamento: 13-10-1999. Publicação: *DJ* de 17-12-1999.

complementares devemos compreender as regras de direito de categoria inferior, que não podem modificar a lei, mas servem para traduzir os comandos legais. Em resumo, graficamente, caracterizamos o arcabouço legislativo tributário na figura 2.

Figura 2
ARCABOUÇO LEGISLATIVO TRIBUTÁRIO

Estudada a complexa formação da legislação tributária brasileira, passaremos à análise das formas possíveis para efetivação do planejamento tributário com e pela lei.

Fundamentos do planejamento tributário: a interpretação da lei

Após analisarmos os princípios e as leis, vamos ver como podemos trabalhar nesse universo para obter economia fiscal. A atividade de gestão de tributos engloba a correta organização do mundo empresarial, mediante o emprego de contratos, fórmulas jurídicas e estruturas societárias que permitam excluir, reduzir ou adiar os encargos tributários que oneram a empresa. Não podemos deixar de mencionar o trabalho de organização contábil da empresa, da correta escrituração dos tributos devidos, dos reflexos contábeis e fiscais das transações comerciais, que são elementos relevantes no trato da chamada "rotina fiscal".

Vamos ter uma abordagem do universo da tributação, como já referido, e dos objetivos do planejamento, que são basicamente três: evitar que a obrigação tributária se materialize com a ocorrência do fato gerador; reduzir o montante do tributo a pagar, por meio da minoração de seus elementos matemáticos (base de cálculo e alíquota); e retardar o pagamento do tributo.

O primeiro objetivo pode ser atingido, por exemplo, por meio da reorganização societária de um grupo empresarial (questão abordada com mais profundidade no capítulo 4 deste livro) inicialmente constituído por indústrias, cujas plantas são complementares, ou seja, o produto acabado de uma é matéria-prima de outra, e que estão sob o manto societário de empresa, o que implica necessariamente a ocorrência de venda entre as mesmas. Havendo a decisão de que uma das empresas incorpore as demais, estas se extinguem como empresas e passam a ser filiais da incorporadora, o que transforma a venda entre elas em transferência de mercadorias que, neste caso, não é fato gerador de vários tributos, a exemplo de PIS, Cofins, IRPJ e CSLL.

Já no caso do segundo objetivo, podemos ilustrá-lo, por exemplo, com a necessária reflexão, por parte das empresas, a respeito da melhor sistemática de apuração do IRPJ e da CSLL, tida como planejamento tributário induzido pela própria legislação (lucro real ou lucro presumido) e muitíssimo vinculada à lucratividade real da empresa, *vis-à-vis* a lucratividade presumida, que é baseada em percentuais predeterminados pela legislação fiscal. Basicamente, mas não exclusivamente, o raciocínio passa por optar pela sistemática que represente a menor base de cálculo para a empresa.

Quanto ao terceiro objetivo, poderíamos nos referir àquelas pessoas jurídicas que deveriam evitar políticas empresariais excelentes do ponto de vista econômico, mas inapropriadas fiscalmente, como o hábito de estabelecer metas comerciais ao fim de determinado mês, sem pensar que o cliente poderá estar pagando a fatura muito depois do vencimento das obrigações tributárias.

Na gestão tributária, inicialmente, há a necessidade de consolidação de dados e informações básicas para que o gestor leve a bom termo sua tarefa. Assim, ele deverá efetuar pesquisa sobre a legislação e a jurisprudência dos tribunais, com a finalidade de melhor encaminhar suas relevantes questões fiscais. Deve, ainda, estabelecer contínuo acompanhamento das mudanças legislativas em tema de tributação. Cumpre estar municiado, de forma correta, com os dados contábeis da empresa, bem como orientar o processo de escrituração. Por fim, a empresa deve ter profissional treinado para o acompanhamento da fiscalização, quando esta vier a ocorrer.

Elisão, evasão e elusão: conceitos e diferenças

Pontuamos, mais uma vez, a necessidade de um rigoroso controle contábil, a utilização de benefícios fiscais, a reorganização societária e a interpretação da legislação como ferramental para o planejamento tributário. Neste capítulo, somente este último aspecto será objeto de considerações. Quando tratamos da interpretação tributária, estamos falando de planejamento lacunar,[39] no qual buscamos ausência de previsão do legislador

[39] Há autores que sequer admitem a existência de lacunas no sistema tributário, ante a necessidade de absoluta segurança quanto ao dever de pagar tributos. Ver Pereira (2001b).

ou hipótese mais benéfica para o contribuinte, a fim de permitir que a conduta normalmente onerada de forma mais gravosa possa ser beneficiada por redução de carga tributária ou até ser inserida em zona de não incidência de tributos.

A doutrina chama tal comportamento de elisão fiscal, em oposição ao atuar ilícito do contribuinte, que recebe o nome de evasão fiscal. O principal marco a delimitar as duas condutas é o fato gerador — embora, como ocorre no caso do planejamento induzido pela própria legislação, admitamos elisão fiscal após a ocorrência da situação hábil a gerar a obrigação de pagar o tributo.

No caso da evasão tributária existe subtração parcial ou total do pagamento do tributo devido, adotando-se condutas fraudulentas ou omissivas, tipificadas por lei. Já na hipótese da elisão fiscal, a conduta do contribuinte é legítima. Ele procura, por meio de fórmulas jurídicas e contábeis, eximir, reduzir ou retardar sua carga tributária. Finalmente, existe uma terceira figura, chamada por alguns de elusão fiscal,[40] por outros de elisão ilegítima, ou fraude elisão,[41] que se perfaz quando o contribuinte utiliza-se de formas jurídicas não usuais, ou estratégias de gestão consideradas anormais, abusando do direito que possui em revestir seu negócio da forma que considerar adequada e mesmo da liberdade de contratar, ou seja, quando recorre a formas jurídicas artificiais, anormais, inadequadas em relação ao ato ou negócio jurídico que pretende levar a cabo, com o intuito exclusivo de obter economia fiscal.

No caso da elusão, a consequência será a incidência tributária plena. Para o fisco, é como se a conduta que afirma ser abusiva não tivesse ocorrido. Assim, por exemplo, se para não

[40] Ver Tôrres (2003).
[41] Ver Bocchiardo (1997).

pagar o IOF de determinado empréstimo o interessado recorre a uma compra e venda com cláusula de retrovenda (que lhe permite a possibilidade de recompra do bem), deixando de levar o contrato a registro, por força do parágrafo único do art. 116 do CTN somente para fins fiscais a Fazenda Nacional poderia desconsiderar o negócio celebrado e tributar o IOF devido pela transação, tida simplesmente como um mútuo. O mesmo ocorre no exemplo apresentado no quadro.

> IOF. Abuso de forma. Se a entidade financeira concede empréstimo, representado por Cédula de Crédito Comercial, a concessionárias de veículos, mas de fato o que houve foi financiamento para compra de veículo por pessoa física, resta caracterizado o abuso de forma com o fito de pagar menos tributo. Provado o abuso, deve o fisco desqualificar o negócio jurídico original, exclusivamente para efeitos fiscais, requalificando-o segundo a descrição normativo-tributária pertinente à situação que foi encoberta pela desnaturalização da função objetiva do ato. Recurso voluntário ao qual se nega provimento. Recurso nº 124608, 2ª Câmara do Conselho dos Contribuintes do Ministério da Fazenda. Recorrente: Citibank S.A. **Acórdão nº 202-15765.**

No tema que nos interessa, elisão fiscal lacunar (*fiscal loopholes*), o contribuinte irá fazer uso da própria lei, ou de suas lacunas, para diminuir seu custo tributário. São saídas que o particular encontra e que não foram pensadas pelo legislador. Nesse sentido, afirma Dória (1977:93):

> A verdadeira elisão fiscal, pelo contrário, resulta da manipulação inteligente e lícita de um elenco de opções e alternativas que todo sistema jurídico contém, para revestir, de forma mais conveniente do prisma fiscal, a realização de determinados negócios. Ora, esse leque de alternativas sempre oferece caminhos que, por seu específico tratamento de direito civil ou comercial, são mais trilhados que outros, onde aquelas conveniências de direito material não existem [...] na elisão; na verdade o contribuinte encontra uma

saída que o legislador não fora suficientemente previdente para trancar, quando referiu de expresso como tributáveis algumas formas suscetíveis de enquadrar um fato econômico (geralmente as usuais), mas omitiu outras (as incomuns) [...].

A dificuldade está em identificar quando uma conduta é lícita e, portanto, elisiva, ou ilícita, por abusiva, quando será qualificada como elusão. Alguns elementos deverão ser considerados: verificar se a operação efetivada tem o propósito específico e único de frustrar a ocorrência do fato gerador ou impedir que produza a plenitude de seus efeitos; observar se o negócio adotado pelo contribuinte poderia ter sido realizado de outra forma, mais simples e direta, além de usual, e que a única diferença seria a carga tributária a suportar; e, finalmente, constatar se não existe justificação para a conduta do contribuinte, além da redução da carga tributária.

Os ingleses desenvolveram a figura denominada *business purpose test*,[42] que, em tradução livre, poderia ser entendida como "teste do propósito negocial". Toda vez que, ao lado da economia tributária, subsistir outro objetivo para que a empresa atue de determinada forma, podendo este intuito ter caráter econômico, logístico, mercadológico, não se poderá falar em abuso de direito do contribuinte, eis que este estará agindo de acordo com sua liberdade negocial. No entanto, quando faltar este fim que não a economia de tributos (*lack of business purpose*), aí sim a transação havida poderá ser desconsiderada para efeitos fiscais, e a tributação incidirá por completo, como se não tivesse havido a transação que permitiu a diminuição da carga tributária.[43] Essas três situações estão representadas no quadro 3.

---

[42] Ver Marins (2002).

[43] Tem-se aqui um elo entre o conceito tributário de "teste do propósito negocial" e o conceito contábil de "substância sobre a forma". Para os fins da contabilidade financeira, o reconhecimento contábil deve priorizar a essência econômica das transações em detrimento de sua forma jurídica. Ver Szuster et al. (2007).

Quadro 3

Elisão, elusão e evasão

Figura	Descrição
Elisão	Prática lícita; ocorre antes do fato gerador. Objetivo: não pagar ou reduzir o valor do tributo. Eficaz perante o fisco.
Elusão	Prática abusiva; ocorre antes do fato gerador. Objetivo: não pagar ou reduzir o valor do tributo. Não tem eficácia perante o fisco.
Evasão	Prática criminosa; ocorre depois do fato gerador. Objetivo: sair da relação jurídica tributária por meio de fraude ou sonegação. É crime e deve ser combatida pelo fisco.

A doutrina se debruça, com grande interesse, sobre figuras que estariam ligadas à questão da identificação da prática fiscal elisiva ou abusiva. Neste contexto são criados novos conceitos, como o do negócio jurídico indireto, abuso de formas, atos atípicos de gestão, dissimulação para impedir práticas que, outrora, seriam qualificadas como planejamento tributário lícito. Todos esses aspectos têm de ser analisados com cautela e caso a caso. Não podemos admitir que, em um sistema que advoga a legalidade estrita para a validade da imposição tributária, a prática administrativa ou as decisões dos tribunais passem a exigir tributo sem lei que o preveja, quando o contribuinte pratique atos conforme a lei, mas que atraiam menor tributação.

Não admitimos a desconsideração do negócio jurídico praticado pelo contribuinte com justificativas como a de que a transação praticada não seria a mais adequada para o fim pretendido, ou de que a forma jurídica escolhida não seria a usualmente praticada, ou ainda que o contribuinte estaria, em realidade, tentando dissimular a ocorrência do fato gerador, sem sólidos motivos que levassem a tal conclusão.

Destacamos que o ato fictício deve ser sancionado negativamente pela administração fiscal e pelos tribunais. O efetivo, realmente ocorrido com todos os requisitos preenchidos, e praticado dentro da lei, não. Ele ocorre dentro do campo do livre arbítrio do contribuinte e deve ser respeitado. Não é diferente nas modernas democracias ocidentais. Na França, por exemplo, são punidas a fraude à lei e a simulação. São exigidas provas rigorosas de culpabilidade do contribuinte, e não se considera a mera alegação de abuso quando se verifica a existência de motivos legítimos para a prática de determinada operação comercial. Por outro lado, só é reconhecida a fraude quando verificado o propósito exclusivo de lesar o fisco, sendo sublinhado que a prova de tal fato cabe à Fazenda. Nesse sentido vejamos o exemplo do quadro.

> IRPF. GANHO DE CAPITAL. SIMULAÇÃO. PROVA. A ação da contribuinte de procurar reduzir a carga tributária, por meio de procedimentos lícitos, legítimos e admitidos por lei revela o planejamento tributário. Para a invalidação dos atos ou negócios jurídicos realizados, cabe à autoridade fiscal provar a ocorrência do fato gerador. Não havendo impedimento legal para a realização das doações, ainda que delas tenha resultado a redução do ganho de capital produzido pela alienação das ações recebidas, não há como qualificar a operação de simulada. A reduzida permanência das ações no patrimônio dos donatários/doadores e doadores/donatários, por si só, não autoriza a conclusão de que os atos e negócios jurídicos foram simulados. No ano-calendário de 1997 não havia incidência de imposto sobre o ganho de capital produzido pela diferença entre o custo de aquisição pelo qual o bem foi doado e o valor de mercado atribuído no retorno do mesmo bem. Recurso nº 139.664, 2ª Câmara do Conselho dos Contribuintes do Ministério da Fazenda. **Acórdão nº 102-47181.**

A interpretação da norma tributária

Quanto à interpretação[44] das leis tributárias, podemos afirmar que não existem métodos específicos.[45] Entretanto, devemos ter

[44] O primeiro sentido do termo interpretar é, portanto, aquele de intermediar valores. O intérprete é visto inicialmente como um intermediário. É ele que "está entre", que se interpõe para assegurar a comunicação e a valoração de duas instâncias distintas. Ver Castro (2000).

[45] As possibilidades metodológicas que se apresentam ao operador do direito, em seu intuito de encontrar a perfeita adequação entre a norma, o caso concreto e a Constituição, ampliam significativamente o campo de trabalho do intérprete constitucional.

em mente que a norma tributária encerra a previsão da estrutura do tributo em todos os seus principais elementos, e não podemos abandonar o núcleo do tipo legal, sob pena de perda da certeza e segurança jurídicas tão caras a este universo. Ressaltamos, ainda, que a interpretação de determinada situação jurídica não pode privilegiar o fisco, eis que a lei tributária não é instrumento para os fins da Fazenda, mas sim da nação. Aplicar o direito não significa recriá-lo. O entendimento da regra deve ser *pro-lege*, ou seja, deve ser buscado o seu entendimento contextualizado ao caso concreto, observando-se a regra do direito, os princípios do sistema e as questões de fato que instruem o caso a julgar.

A interpretação realista ou econômica não prevalece em nosso sistema jurídico tributário. Ela é francamente favorável ao fisco, perseguindo metas de arrecadação previstas na lei orçamentária. É certo que o ordenamento jurídico pátrio foi alterado para a inserção da norma do parágrafo único do art. 116 do CTN.[46] Entretanto, não existem, devidamente regrados, os parâmetros para que possamos afirmar se determinada conduta é ou não tendente a dissimular a ocorrência do fato gerador. Recordemos, ainda, que para a simulação já existe no CTN regra específica.[47] É importante lembrar, também, como faz Troianelli (2001), que a percepção da norma do parágrafo único do art. 116 do CTN como regra antielusão é incompatível com o teor do §1º do art. 108 do mesmo diploma legal, que não autoriza a interpretação analógica.

Notemos que há os que defendem a aplicação da regra do parágrafo único do art. 116 juntamente com o disposto

---

Não há nada pior para o operador da interpretação constitucional que apostar na unilateralidade de uma direção interpretativa. Ver Castro (2000).

[46] "A autoridade administrativa poderá desconsiderar atos ou negócios jurídicos praticados com a finalidade de dissimular a ocorrência do fato gerador do tributo ou a natureza dos elementos constitutivos da obrigação tributária, observados os procedimentos a serem estabelecidos em lei ordinária" (CTN, art. 116, parágrafo único).

[47] CTN, art. 149, inciso VII.

no art. 187 do NCC. Certo é que os requisitos materiais para caracterização das condutas elusivas não estão previstos no dispositivo do CTN nem no artigo do Código Civil, pelo que, mesmo que possamos conjugar os dois dispositivos de lei, seria ainda necessário especificar as hipóteses de aplicação e os procedimentos a adotar para permitir a defesa do contribuinte ao qual é reputada a prática de conduta elusiva.

Vamos agora destacar a importância, para a segurança jurídica, das relações econômicas em que sejam respeitados limites para a atuação fiscal das fazendas, a fim de que direitos e princípios constitucionalmente fixados não sejam atingidos.

Liberdade de gestão e planejamento tributário

Conceitos como abuso de direito, abuso de formas, ausência de propósito negocial são, como já mencionamos, apontados pelos críticos do planejamento tributário como formas ilícitas de economia fiscal. Seriam figuras que se enquadrariam na elusão fiscal, ineficazes, portanto, ante o fisco, embora válidas entre as partes contratantes.

Nogueira (1974) defende que o conteúdo das leis tributárias tem sempre natureza econômica e, sendo desta ordem, seus fundamentos vinculam e condicionam seus efeitos jurídicos. Dessa maneira, a lei deve ser interpretada funcionalmente, levando em consideração a matriz econômica do fato gerador e a compatibilidade da forma jurídica utilizada para materializar o fato econômico subjacente.

Brito (2001) é crítico dessa concepção e argumenta fortemente no sentido de que a interpretação do direito constitucional tributário brasileiro ocorre sob o comando de valores inscritos na Constituição, onde se destacam, neste setor, a livre iniciativa, a liberdade de contratar, o pluralismo e a dignidade.

Prevalece, em nosso entendimento, o princípio da liberdade na gestão fiscal da empresa, ou liberdade das escolhas fiscais, que permite ao contribuinte optar pela via menos tributada no momento de realizar determinado negócio. Conforme lição de Seixas Filho (2001),

> possuindo o contribuinte mais de uma forma jurídica para realizar o seu intento, sendo estas normais, sem desvio de funcionalidade, não há como a autoridade fiscal alegar uma dissimulação para desconsiderar a forma jurídica legitimamente adotada.

Além disso, existe determinação legal dirigida ao administrador da empresa para que atue com a devida diligência (*due dilligence*) no trato das questões empresariais.[48] De acordo com Rolim, Amaro e Longo (1995),

> a Lei nº 6.404/1976 impõe ao administrador o dever de empregar todos os recursos para alcançar os fins que interessem à empresa; o planejamento e a rotina tributária devem fazer parte da rotina de todas as empresas.

Qualquer um que esteja gerindo patrimônio de outrem deve fazê-lo com eficácia, ou seja, tirar o maior proveito possível dos meios para alcançar os fins, que, dentro do universo empresarial, têm sempre a ver com o lucro. Consideramos que pode haver responsabilidade pessoal do gestor, no tocante a orientar seu cliente na execução de uma estratégia de economia de tributos, quando não o faz. A gestão moderna deve buscar a máxima eficiência para a empresa, e esta só é obtida se forem aproveitadas todas as vantagens fiscais possíveis.

Percebemos ainda como é inviável o juízo administrativo feito *a posteriori* sobre as práticas fiscais da empresa que estejam

[48] Lei das Sociedades Anônimas, art. 153.

de acordo com a lei, quando já se consolidaram.[49] Se admitido fosse tal comportamento da administração fiscal, haveria o constante risco de que fossem utilizados elementos suplementares, não considerados pelo administrador, para glosar a operação levada a cabo pela empresa. Certamente tal permissivo levaria à objeção pela Fazenda acerca de todo negócio efetuado pelo contribuinte do qual ela não retirasse o efeito fiscal esperado.

Em resumo, as empresas que pretendem aperfeiçoar o seu ambiente fiscal devem observar algumas regras que outorgam juridicidade a qualquer planejamento tributário, além de acautelarem o contribuinte contra eventual investida do fisco: perceber se, nos termos da lei, os atos praticados tiveram alguma relação com o objeto social, ou se foram praticados com fins diversos; verificar se a economia de tributos provém de ação ou omissão, conforme a lei; observar se as formas jurídicas empregadas para dar vida ao negócio idealizado são adequadas e se seriam opção legítima para o contribuinte; e manter completos e adequados registros fiscais em relação ao negócio efetuado.

Considerações finais

Neste primeiro capítulo, procuramos demonstrar como ocorre o fenômeno da tributação, quais seus conceitos, princípios e normas, quais as figuras distintas do planejamento tributário eficaz, os objetivos que ele visa alcançar e algumas de suas estratégias. No próximo capítulo, teremos contato com o IRPJ e a CSLL, em suas diferentes formas de apuração.

---

[49] No sentido referido: "Despesas operacionais – Identificam-se como tais as necessárias à atividade da empresa e à manutenção da respectiva fonte produtora de receitas. Se o fisco nada questiona sobre a necessidade ou legitimidade da despesa, sobre sua realização ou sobre o rateio, improcede a glosa que se amparou unicamente no fato de ter o contribuinte se utilizado de notas de débito, mormente se considera que essas notas de débito são documentos contábeis hábeis". Acórdão 1ª CC nº 101-85.116/1993.

2

Imposto de renda das pessoas jurídicas (IRPJ)

O objetivo deste capítulo é analisar as apurações do IRPJ e da CSLL sob as modalidades de tributação do Simples Nacional, lucro presumido, lucro real e lucro arbitrado, de forma a possibilitar a opção menos onerosa para a empresa, dentro dos limites legais e princípios éticos.

Na parte destinada à apuração do tratamento diferenciado e favorecido dispensado às micro e pequenas empresas, estudamos os tributos alcançados por essa metodologia de cálculo, as atividades que se enquadram e aquelas excluídas do sistema, bem como a determinação do valor devido, nos termos da Lei Complementar nº 123/2006, que trata do marco legal para essas empresas, contemplando também as alterações promovidas pela Lei Complementar nº 128/2008. No lucro presumido, analisamos os aspectos gerais dessa forma de apuração, determinação da base de cálculo e suas obrigações acessórias. Em relação ao lucro real, identificamos as pessoas jurídicas obrigadas, a determinação de sua base de cálculo e o valor devido, além de efetuarmos demonstrações que indiquem a melhor forma de remuneração para os sócios, pessoas físicas. Examinamos, também, na apuração do lucro real, o tratamento fiscal dos juros sobre capital próprio, das perdas e ganhos de capital, dos rendimentos de participações societárias e dos rendimentos auferidos no exterior.

Imposto de renda: fato gerador

Renda é uma noção oriunda da economia, mas, mesmo nesse campo, seu conceito não é pacífico. Podemos tratar de renda social, nacional, regional, familiar, monetária, presumida, real etc. Nesse sentido, renda e proventos são fatos econômicos incorporados a normas jurídicas que lhes dão significado e alcance próprios.

O CTN definiu imposto de renda.[50] Contudo, nem toda renda poderá ser objeto de incidência, mas apenas aquela prevista em lei, em respeito ao princípio da legalidade. Da definição do CTN extraímos que uma riqueza, para constituir renda, deve reunir, simultaneamente, os seguintes elementos: provir de uma fonte patrimonial já pertencente ao próprio titular da renda; e ser derivada de atividade do seu titular, objetivando o acréscimo de valor desse patrimônio.

Concordamos com Machado (2004) quando afirma que "não há renda, nem provento, sem que haja acréscimo patrimonial, pois o CTN adotou expressamente o conceito de renda como acréscimo". Partindo desse enunciado, podemos afirmar que o dinheiro recebido de uma doação ou herança não é renda, pois não provém de uma fonte preexistente no patrimônio do indivíduo que a recebe. Ao contrário, juro sobre empréstimo é renda, por derivar de um patrimônio já pertencente ao credor (o capital emprestado). Entendemos por patrimônio tudo o que é suscetível de produzir um acréscimo de riqueza, e não apenas

[50] O CTN definiu, em seu art. 43, o imposto de renda como: "(i) renda, produto do capital, do trabalho ou da combinação de ambos; (ii) proventos de qualquer natureza, assim entendidos os acréscimos patrimoniais não compreendidos no inciso anterior".

bens materiais. Assim, o trabalho é patrimônio porque produz salário, que, por sua vez, é renda (proventos).

A título de exemplificação podemos inferir que o pagamento de sinal por clientes não é renda, e sim uma obrigação, visto não haver disponibilidade econômica ou jurídica, mas apenas expectativa de auferir renda, o que ocorrerá no momento da transferência de propriedade. No mesmo sentido, não seria constitucional tributar-se a receita da venda de um imóvel, mas o lucro dessa operação.

No caso de pessoa jurídica, não é necessário que os ganhos sejam efetivamente percebidos pelo respectivo titular (disponibilidade financeira), bastando que ele haja adquirido o direito de crédito sobre os mesmos (disponibilidade econômica), em conformidade com o princípio contábil da competência.[51]

Tributação das pessoas jurídicas

A pessoa jurídica é uma entidade — um patrimônio — com personalidade própria, uma ficção, criada pelo direito, capaz de exercer direitos e contratar obrigações. Não se confunde com as pessoas naturais que a constituem,[52] em conformidade com o postulado contábil da entidade.[53] Consideram-se contribuintes, para efeitos da legislação tributária, as pessoas jurídicas de direito privado domiciliadas no país, sejam quais forem seus fins, nacionalidade ou participação no capital; as filiais, sucursais, agências ou representações no país das pessoas jurídicas com sede no exterior; e os comitentes domiciliados no exterior, quanto aos resultados das operações realizadas por seus mandatários ou comissários no país.

---

[51] Ver Iudícibus, Martins e Gelbcke, (2007); Szuster et al. (2007); Coutinho et al. (2007).

[52] Ver Winckler (1997).

[53] Ver Iudícibus, Martins e Gelbcke (2007); Szuster et al (2007); Coutinho et al. (2007).

Para fins fiscais, as sociedades em conta de participação são equiparadas às pessoas jurídicas. Na apuração dos resultados dessas sociedades, assim como na tributação dos lucros apurados e dos distribuídos, serão observadas as normas aplicáveis às pessoas jurídicas em geral.

As empresas individuais, para fins de imposto de renda, são equiparadas às pessoas jurídicas. Assim, consideram-se empresas individuais as firmas individuais; as pessoas físicas que, em nome individual, exploram, habitual e profissionalmente, qualquer atividade econômica de natureza civil ou comercial, com o fim especulativo de lucro, mediante venda a terceiros de bens e serviços (exceto as pessoas físicas que, individualmente, exerçam profissão regulamentada); e as pessoas físicas que promoverem a incorporação de prédios em condomínio ou loteamento de terrenos.

Não se caracterizam como pessoas jurídicas aquelas entidades que não tenham personalidade jurídica ou, por objeto, o lucro. Elas, portanto, não apresentam DIPJ, ainda que se encontrem inscritas no CNPJ, ou mesmo que tenham seus atos constitutivos registrados em cartório ou juntas comerciais, como no caso de tabelionatos, consórcios, condomínios de edifícios, fundos em condomínios e clubes de investimentos, exceto o fundo de investimento imobiliário.[54]

As pessoas jurídicas que tenham por objeto o lucro apresentam DIPJ de acordo com a forma de tributação que exercem, entre as opções oferecidas pela legislação do IRPJ.

Formas de tributação das pessoas jurídicas

As pessoas jurídicas são tributadas por uma das formas de apuração do IRPJ e da CSLL, por opção do contribuinte ou

[54] Instrução Normativa RFB nº 1.051/2010 e "Perguntas e respostas da RFB" (pergunta nº 3).

por determinação legal, nas seguintes modalidades: Simples Nacional, presumido, arbitrado ou real.

Quando opta pelo Simples Nacional, o contribuinte é enquadrado como microempresa ou empresa de pequeno porte. Para efeitos conceituais, microempresa é a pessoa jurídica que tenha auferido, no ano-calendário anterior, receita bruta igual ou inferior a R$ 240 mil. Já empresa de pequeno porte é a pessoa jurídica que tenha auferido, no ano-calendário anterior, receita bruta superior a R$ 240 mil e igual ou inferior a R$ 2,4 milhões.[55] Nos limites indicados de receita bruta, tais pessoas jurídicas podem optar pelo Simples, desde que não estejam enquadradas nas outras vedações previstas na legislação.[56]

Com vigência a partir de julho de 2007, as pequenas e microempresas passaram a ter tratamento diferenciado e favorecido. Normas editadas pelo Comitê Gestor de Tributação regulamentaram vários pontos acerca da operacionalização e cálculo do Simples Nacional. Atos legais complementares contemplaram a inclusão de novas atividades, a possibilidade de pleno acesso a juizados especiais, a não incidência dos impostos indiretos sobre exportação, a participação prioritária em licitações públicas relativas a contratos de até R$ 80 mil, além da possibilidade de apropriação de créditos do ICMS e do PIS/Cofins para os adquirentes de insumos cujos fornecedores sejam optantes do modelo simplificado.[57]

Conceituamos lucro presumido como regime de tributação para determinação da base de cálculo do IRPJ e da CSLL das pessoas jurídicas não obrigadas à apuração do lucro real. Poderão optar por essa sistemática de cálculo as pessoas jurídicas cuja receita total, no ano-calendário anterior, tenha sido igual ou inferior a

[55] LC nº 123/2006, art. 3º.

[56] A LC nº 123/2006, no §4º de seu art. 3º e em seu art. 17, relaciona as pessoas jurídicas e as atividades que não podem optar pelo Simples.

[57] Resoluções do Comitê Gestor de Tributação, LC nº 123/2006 e LC nº 128/2008.

R$ 48 milhões ou proporcional ao número de meses de atividade do ano-calendário anterior, quando inferior a 12 meses.[58]

Tal opção será aplicada em relação a todo o ano-calendário e será manifestada com o pagamento da primeira ou única cota do imposto devido, correspondente ao primeiro período de apuração do ano-calendário. O tributo com base no lucro presumido será determinado por períodos de apuração trimestrais, encerrados nos dias 31 de março, 30 de junho, 30 de setembro e 31 de dezembro de cada ano civil.

Já o lucro arbitrado é uma forma coercitiva de apuração do IRPJ e da CSLL em substituição ao lucro real ou presumido, quando o contribuinte não possui escrituração contábil ou fiscal, ou não mantém documentação que embase a escrituração.[59]

Por último, lucro real é o lucro contábil ajustado pelas adições, exclusões ou compensações prescritas ou autorizadas pela legislação fiscal. A determinação dessa categoria de lucro será precedida da apuração do lucro líquido do exercício, que é a soma algébrica do lucro operacional, das perdas e ganhos de capital e das participações, e deverá ser determinado com observância dos preceitos da lei comercial.[60]

Regime tributário de transição (RTT)

As leis nº^os^ 11.638/2007 e 11.941/2009 trouxeram modificações à Lei das Sociedades Anônimas em diversos aspectos, inclusive alterando regras sobre as demonstrações contábeis das empresas, visando à sua harmonização com as práticas contábeis internacionais (atualmente conhecidas como *international*

[58] Lei nº 10.637/2002, art. 46.
[59] Os arts. 529, 530 e 537 do RIR/1999 evidenciam as hipóteses de arbitramento e forma de apuração dessa sistemática de cálculo.
[60] Lei das Sociedades Anônimas, art. 187, com a redação dada pelo art. 37 da Lei nº 11.941/2009.

financial reporting standard — IFRS). A legislação tributária não acompanhou, de imediato, as alterações trazidas pelas novas práticas contábeis, causando relevante insegurança jurídica entre os contribuintes. Por isso, a Lei nº 11.941/2009 alterou o Decreto-Lei nº 1.598/1977 (base maior do RIR/1999) e instituiu o regime tributário de transição (RTT)[61] — que vigerá até a entrada em vigor de lei que discipline os efeitos tributários dos novos métodos e critérios contábeis que foram introduzidos —, buscando a neutralidade tributária. A partir do ano-calendário de 2010, o RTT passou a ser obrigatório para as pessoas jurídicas tributadas pelo IRPJ e pela CSLL com base no lucro real, presumido ou arbitrado, bem como para as apurações do PIS e da Cofins.

O fisco federal, por meio da IN RFB nº 949/2009, instituiu o controle fiscal contábil de transição (FCont), cuja utilização é obrigatória — para as pessoas jurídicas sujeitas cumulativamente ao lucro real e ao RTT[62] — e necessária à realização dos ajustes relativos às diferenças entre os critérios contábeis e tributários provocados pelas novas normas de conversão às práticas contábeis internacionais e àqueles vigentes até 31 de dezembro de 2007 (portanto, o RTT e o FCont funcionam, do ponto de vista contábil e fiscal, como se fossem o "túnel do tempo").

Os dados a serem apresentados pelo FCont são lançamentos referentes aos mesmos fatos, mas considerando critérios diferenciados, quais sejam: (a) lançamentos realizados na escrituração contábil para fins societários, que devem ser expurgados; e (b) lançamentos considerando os métodos e critérios contábeis aplicáveis para fins tributários, que devem ser inseridos. Vale dizer: os

[61] Aplica-se o RTT aos novos critérios contábeis dispostos em regulamentação expedidas pela CVM e CFC que visem alinhar as demonstrações financeiras aos padrões internacionais de contabilidade.

[62] A referida IN não trouxe a obrigatoriedade de envio do FCont para as pessoas jurídicas sujeitas cumulativamente ao lucro presumido e ao RTT. Porém, essas deverão manter memória de cálculo que permita os controles dos ajustes de receitas auferidas, exclusões e adições da base de cálculo decorrentes dos novos métodos e critérios contábeis.

lançamentos que existem na escrituração comercial — mas que devem ser expurgados para remover os reflexos das alterações introduzidas pela referidas leis — que modifiquem o critério de reconhecimento de receitas, custos e despesas computadas na escrituração contábil para apuração do lucro líquido do exercício, bem como os não efetuados na escrituração comercial, mas que devam ser incluídos para fins de apuração do resultado com base na legislação vigente até 31 de dezembro de 2007.[63]

Graficamente, temos:

Figura 3

Escrituração comercial

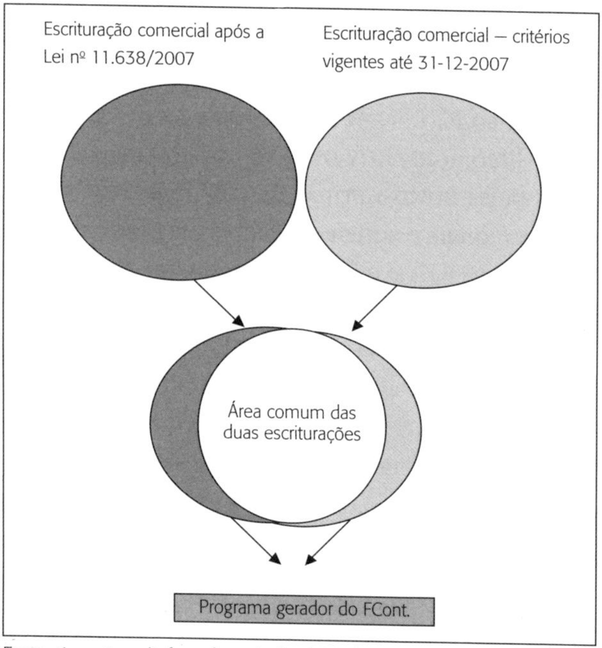

Fonte: <www1.receita.fazenda.gov.br/faq/FCont.htm>. Acesso em: 3 abr. 2010.

[63] Determina, ainda, o §3º do art. 1º da IN RFB nº 967/2009 que, no caso da pessoa jurídica que tenha adotado a escrituração contábil digital (ECD) nos termos da IN RFB nº 787/2007, a escrituração contábil para fins societários (considerada como ponto de partida para os expurgos e inserções) será a própria ECD.

Portanto, a pessoa jurídica sujeita ao RTT, para reverter o efeito da utilização de métodos e critérios contábeis diferentes daqueles previstos na legislação tributária vigente em 31 de dezembro de 2007, deverá:

a) utilizar os métodos e critérios da legislação societária para apurar, em sua escrituração contábil, o resultado do período antes do imposto de renda, deduzido das participações;
b) utilizar os métodos e critérios contábeis aplicáveis à legislação tributária vigente em 31 de dezembro de 2007 para apurar o resultado do período, para fins fiscais;
c) determinar a diferença entre os valores apurados nos itens (a) e (b);
d) ajustar, exclusivamente no Lalur, o resultado do período, apurado nos termos do item (a), pela diferença apurada no item (c) — ajuste RTT. Para a realização deste ajuste no Lalur, deverá ser escriturado o FCont. O referido ajuste nesse livro não dispensa a realização dos demais ajustes de adição, exclusão e compensação prescritos ou autorizados pela legislação tributária em vigor, para apuração da base de cálculo do IRPJ e da CSLL.

Simples nacional

Essa forma simplificada de tributação estabelece um pagamento mensal unificado, correspondente à aplicação de um percentual sobre a receita bruta mensal,[64] estando contemplados os seguintes tributos e contribuições: IRPJ, CSLL, Cofins, PIS,

[64] O art. 17 da LC nº 123/2006 veda a opção pelo Simples Nacional nas hipóteses que menciona.

IPI, INSS (parcela relativa ao empregador), ICMS e ISS.[65] Apenas as atividades enquadradas no anexo IV devem recolher a parcela do INSS relativa ao empregador em separado.[66]

Para efeito de cálculo do Simples Nacional, podem ser excluídas da receita bruta as devoluções de vendas, as vendas canceladas e os descontos incondicionais.[67]

O Simples Nacional não exclui a incidência dos seguintes tributos, devidos na qualidade de contribuinte ou responsável: IOF, II, IE, IRRF, ITR, FGTS, tributos e contribuições na importação de bens e serviços, ICMS devido na substituição tributária e contribuição previdenciária do empregado.

As empresas enquadradas nesse regime ficam dispensadas do pagamento das demais contribuições instituídas pela União, inclusive as contribuições para as entidades privadas de serviço social e de formação profissional vinculadas ao sistema sindical (Sesc, Sesi, Senai, Senac, Sebrae e o salário-educação). Nesse caso, a economia pode representar cerca de 8,8% sobre a folha de pagamento.

As demais receitas, tais como juros cobrados de clientes e descontos obtidos, que não integram a receita bruta e o ganho de capital, não estarão sujeitas à tributação nesse regime. Porém, o ganho de capital na venda de bens do ativo não circulante, tributado à alíquota de 15% a título de IRPJ,[68] e o rendimento de aplicações financeiras de renda fixa ou o ganho líquido em operações de renda variável sofrerão tributação em definitivo,[69] sendo os rendimentos advindos de renda fixa sujeitos às alíquotas aplicáveis conforme o prazo do investimento.

---

[65] LC nº 123/2006, art. 13.
[66] LC nº 128/2008, art. 18, §5º, alíneas "c" e "d".
[67] Resolução do CGSN nº 5/2007, art. 2º, §2º.
[68] LC nº 123/2007, art. 13, §1º, inciso VI.
[69] LC nº 123/2007, art. 20, §1º.

Valores devidos pelas microempresas e empresas de pequeno porte

O valor devido mensalmente pelas empresas inscritas no Simples será determinado mediante a aplicação, sobre a receita bruta mensal auferida, dos percentuais apresentados nas tabelas 1 e 2, de acordo com as atividades desenvolvidas.

O percentual será aplicado em cada mês sobre a receita bruta acumulada nos 12 meses anteriores ao do período de apuração,[70] conforme a tabela 1.

Caso a empresa inicie as atividades no próprio ano da opção pelo Simples Nacional, no primeiro mês de atividade a receita bruta total acumulada corresponderá à receita do próprio mês de apuração multiplicada por 12 e, nos 11 meses subsequentes ao do início de atividade, utilizar-se-á a média aritmética da receita bruta total dos meses anteriores ao do período de apuração, multiplicada por 12.[71]

Os valores de receita bruta acumulada devem ser proporcionais ao número de meses de atividade no período. Se o valor da receita bruta auferida durante o ano-calendário ultrapassar o limite de R$ 200 mil multiplicados pelo número de meses do período de atividade, a parcela de receita que exceder o montante assim determinado estará sujeita às alíquotas máximas, previstas nessa tabela, acrescidas de 20%.

A LC nº 128/2008 permitiu a opção pelo Simples Nacional, incluindo o INSS, para 10 atividades de serviços contempladas no anexo V da LC nº 123/2006, mas vinculando o percentual da folha de pagamento à receita bruta. Assim, as alíquotas do Simples Nacional irão variar em função da relação existente, no acumulado dos últimos 12 meses anteriores ao período de apuração, entre a folha de pagamento com os encargos sociais e a receita bruta, conforme destacado pelo fator "r" na tabela 2.[72]

---

[70] LC nº 123/2006, art. 18, §1º.

[71] Resolução do CGSN nº 51/2008, art. 5º, §§2º, 3º e 4º.

[72] LC nº 128, art. 17, §5º.

Tabela 1
Percentuais aplicáveis no Simples Nacional

Receita bruta em 12 meses (em R$)	Anexo I Comércio	Anexo II Indústria	Anexo III Serviços e locação de bens móveis	Anexo IV Serviços*
Até 120.000,00	4,00	4,50	6,00	4,50
De 120.000,01 a 240.000,00	5,47	5,97	8,21	6,54
De 240.000,01 a 360.000,00	6,84	7,34	10,26	7,70
De 360.000,01 a 480.000,00	7,54	8,04	11,31	8,49
De 480.000,01 a 600.000,00	7,60	8,10	11,40	8,97
De 600.000,01 a 720.000,00	8,28	8,78	12,42	9,78
De 720.000,01 a 840.000,00	8,36	8,86	12,54	10,26
De 840.000,01 a 960.000,00	8,45	8,95	12,68	10,76
De 960.000,01 a 1.080.000,00	9,03	9,53	13,55	11,51
De 1.080.000,01 a 1.200.000,00	9,12	9,62	13,68	12,00
De 1.200.000,01 a 1.320.000,00	9,95	10,45	14,93	12,80
De 1.320.000,01 a 1.440.000,00	10,04	10,54	15,06	13,25
De 1.440.000,01 a 1.560.000,00	10,13	10,63	15,20	13,70
De 1.560.000,01 a 1.680.000,00	10,23	10,73	15,35	14,15
De 1.680.000,01 a 1.800.000,00	10,32	10,82	15,48	14,60
De 1.800.000,01 a 1.920.000,00	11,23	11,73	16,85	15,05
De 1.920.000,01 a 2.040.000,00	11,32	11,82	16,98	15,50
De 2.040.000,01 a 2.160.000,00	11,42	11,92	17,13	15,95
De 2.160.000,01 a 2.280.000,00	11,51	12,01	17,27	16,40
De 2.280.000,01 a 2.400.000,00	11,61	12,11	17,42	16,85

* (1) Nas atividades de locação de bens móveis será deduzido, da alíquota, o percentual correspondente ao ISS previsto neste anexo. (2) Para as atividades de prestação de serviços deste anexo, não está incluída no Simples Nacional a contribuição previdenciária patronal – CPP devendo ser recolhida segundo a legislação prevista para os demais contribuintes.

PRESTADORES DE SERVIÇOS COM ALÍQUOTA DEPENDENDO DA FOLHA DE SALÁRIOS

Anexo V (LC nº 123/2006)								
Receita bruta em 12 meses (em R$)	(r)<0,10	0,10 ≤ (r) e (r) < 0,15	0,15 ≤ (r) e (r) < 0,20	0,20 ≤ (r) e (r) < 0,25	0,25 ≤ (r) e (r) < 0,30	0,30 ≤ (r) e (r) < 0,35	0,35 ≤ (r) e (r) < 0,40	(r)≥ 0,40
Até 120.000,00	17,50%	15,70%	13,70%	11,82%	10,47%	9,97%	8,80%	8,00%
De 120.000,01 a 240.000,00	17,52%	15,75%	13,90%	12,60%	12,33%	10,72%	9,10%	8,48%
De 240.000,01 a 360.000,00	17,55%	15,95%	14,20%	12,90%	12,64%	11,11%	9,58%	9,03%
De 360.000,01 a 480.000,00	17,95%	16,70%	15,00%	13,70%	13,45%	12,00%	10,56%	9,34%
De 480.000,01 a 600.000,00	18,15%	16,95%	15,30%	14,03%	13,53%	12,40%	11,04%	10,06%
De 600.000,01 a 720.000,00	18,45%	17,20%	15,40%	14,10%	13,60%	12,60%	11,60%	10,60%
De 720.000,01 a 840.000,00	18,55%	17,30%	15,50%	14,11%	13,68%	12,68%	11,68%	10,68%
De 840.000,01 a 960.000,00	18,62%	17,32%	15,60%	14,12%	13,69%	12,69%	11,69%	10,69%
De 960.000,01 a 1.080.000,00	18,72%	17,42%	15,70%	14,13%	14,08%	13,08%	12,08%	11,08%
De 1.080.000,01 a 1.200.000,00	18,86%	17,56%	15,80%	14,14%	14,09%	13,09%	12,09%	11,09%
De 1.200.000,01 a 1.320.000,00	18,96%	17,66%	15,90%	14,49%	14,45%	13,61%	12,78%	11,87%
De 1.320.000,01 a 1.440.000,00	19,06%	17,76%	16,00%	14,67%	14,64%	13,89%	13,15%	12,28%
De 1.440.000,01 a 1.560.000,00	19,26%	17,96%	16,20%	14,86%	14,82%	14,17%	13,51%	12,68%
De 1.560.000,01 a 1.680.000,00	19,56%	18,30%	16,50%	15,46%	15,18%	14,61%	14,04%	13,26%
De 1.680.000,01 a 1.800.000,00	20,70%	19,30%	17,45%	16,24%	16,00%	15,52%	15,03%	14,29%
De 1.800.000,01 a 1.920.000,00	21,20%	20,00%	18,20%	16,91%	16,72%	16,32%	15,93%	15,23%
De 1.920.000,01 a 2.040.000,00	21,70%	20,50%	18,70%	17,40%	17,13%	16,82%	16,38%	16,17%
De 2.040.000,01 a 2.160.000,00	22,20%	20,90%	19,10%	17,80%	17,55%	17,22%	16,82%	16,51%
De 2.160.000,01 a 2.280.000,00	22,50%	21,30%	19,50%	18,20%	17,97%	17,44%	17,21%	16,94%
De 2.280.000,01 a 2.400.000,00	22,90%	21,80%	20,00%	18,60%	18,40%	17,85%	17,60%	17,18%

Os estados e o Distrito Federal poderão adotar, para efeito de recolhimento do ICMS, nesse regime, um limite máximo da receita bruta anual diferenciada e de acordo com sua participação no PIB brasileiro, excetuadas as unidades da Federação com participação igual ou superior a 5%, as quais estão obrigadas a adotar todas as faixas da receita bruta anual apontadas anteriormente. Assim, os estados cuja participação no PIB seja de até 1% poderão utilizar as faixas da receita bruta anual até R$ 1,2 milhão, e àqueles com participação maior que 1% e até 5% é facultada a utilização das faixas até R$ 1,8 milhão. Os municípios deverão adotar, para efeito de recolhimento do ISS, o mesmo limite de receita bruta anual utilizada pelos estados onde estiverem localizados; o mesmo ocorre com o ISS devido no Distrito Federal.[73]

Exemplo de apuração do Simples: comércio varejista

Considere as informações abaixo sobre a receita bruta auferida pela empresa Comercial Lago dos Cisnes Ltda. para determinar o valor devido mensalmente.

Tabela 3
CÁLCULO DO SIMPLES — COMÉRCIO VAREJISTA

Mês	Receita bruta dos últimos 12 meses (R$)	Receita bruta no mês (R$)	Alíquota (%)	Valor devido (R$)
Jan.	350.000,00	80.000,00	6,84	5.472,00
Fev.	380.000,00	100.000,00	7,54	7.540,00
Mar.	485.000,00	100.000,00	7,60	7.600,00
Abr.	520.000,00	120.000,00	7,60	9.120,00

Lucro presumido

O lucro presumido, em cada trimestre, corresponde ao resultado da aplicação dos percentuais fixados em lei (de acordo

[73] LC nº 123/2006, arts. 19 e 20.

com a atividade-fim da pessoa jurídica) sobre a receita bruta auferida no período, adicionado integralmente dos resultados das demais receitas, rendimentos e ganhos de capital, que corresponderá à base de cálculo do imposto do IRPJ e da CSLL.

Os descontos incondicionais concedidos e as vendas canceladas ou anuladas, os impostos não cumulativos, como o IPI e o ICMS (este último recolhido por substituição tributária) são parcelas dedutíveis da receita bruta antes da aplicação do percentual de presunção.[74]

Percentuais de presunção

A base de cálculo do lucro presumido será determinada trimestralmente, mediante a aplicação dos percentuais sobre a receita bruta, apresentados na tabela 4.

Tabela 4

PERCENTUAIS DA RECEITA BRUTA APLICÁVEIS AO LUCRO PRESUMIDO

Discriminação das receitas	Percentual do IRPJ	Percentual da CSLL
Indústria e comércio	8,0	12,0
Serviços de transporte de cargas	8,0	12,0
Serviços hospitalares*	8,0	12,0
Demais serviços de transporte	16,0	12,0
Prestação de serviços em geral	32,0	32,0
Revenda, para consumo, de combustíveis	1,6	12,0
Construção por administração ou empreitada – com material	8,0	12,0
Construção por administração ou empreitada – exclusivamente mão de obra	32,0	32,0
Prestação de serviços, até R$ 120 mil, exceto as regulamentadas	16,0	32,0

Fonte: arts. 15 e 20 da Lei nº 9.249/1995, com a redação dada pelo art. 22 da Lei nº 10.684/2003.

* Incluem-se também os serviços de "auxílio diagnóstico e terapia, patologia clínica, imagenologia, anatomia patológica e citopatologia, medicina nuclear e análises e patologias clínicas, desde que a prestadora dos serviços seja organizada sob a forma de sociedade empresária e atenda às normas da Agência Nacional de Vigilância Sanitária – Anvisa" (art. 15 da Lei nº 9.249/1995, alterado pela Lei nº 11.727/2008).

[74] Lei nº 8.981/1995, art. 31, parágrafo único.

A pessoa jurídica prestadora de serviços que houver utilizado o percentual favorecido (16%) e cuja receita bruta acumulada até determinado mês do ano-calendário exceda o limite de R$ 120 mil[75] ficará sujeita ao pagamento da diferença do imposto postergado, apurado em relação a cada mês transcorrido, com base no percentual de 32%, sem acréscimos legais.[76] Assim, caso uma determinada pessoa jurídica tenha receita bruta acumulada, até o terceiro trimestre do ano-calendário de 2009 no valor de R$ 100 mil, e tenha auferido receita no último trimestre no valor de R$ 30 mil, deverá efetuar o cálculo do IRPJ relativo ao último trimestre com o percentual de 32%, mais a diferença dos trimestres anteriores pelo seu valor original. Nesse caso, não há incidência de acréscimos legais, sendo a diferença considerada devida no mês subsequente ao quarto trimestre.

Acrescentamos que, à época da edição do ato legal que permitiu a utilização de percentual favorecido de 16%, as regras tributárias que definiam a base de cálculo da CSLL não estabeleciam qualquer diferenciação por setor de atividade, sendo aplicável o percentual de 12%. Todavia, a partir de setembro de 2003 o setor de serviços teve majoração do percentual, que passou a ser de 32%,[77] não sendo concedida qualquer redução para os prestadores de serviços que estavam contemplados com percentual favorecido no IRPJ.

O imposto de renda (IRPJ) devido em cada trimestre será calculado mediante a aplicação da alíquota de 15% sobre o lucro presumido. A parcela do lucro presumido que exceder o resultado da multiplicação de R$ 20 mil pelo número de meses do respectivo período de apuração (R$ 60 mil no trimestre) se sujeitará à incidência do adicional de 10%. Essa regra também é válida para os regimes de apuração do lucro real e do lucro arbitrado.

---

[75] Lei nº 9.250/1995, com redação dada pelo art. 1º da Lei nº 9.430/1996.

[76] IN SRF nº 11/1996 e IN SRF nº 93/1997.

[77] Lei nº 10.684/2003, art. 22.

A CSLL devida trimestralmente será calculada com a aplicação do percentual fixado em lei sobre a receita bruta definida para cada atividade-fim, incluindo integralmente as demais receitas, rendimentos[78] e ganhos de capital (lucro presumido), de forma a determinar a base de cálculo da CSLL, sobre a qual incide a alíquota de 9%, sem incidência de adicional.

A base de cálculo da CSLL corresponde a 12%, com algumas exceções evidenciadas na tabela 4, nas quais o percentual da CSLL sobre a receita bruta passou a ser de 32% a partir de 1º de setembro de 2003[79] para a prestação de serviços em geral, intermediação de negócios, administração, locação ou cessão de bens imóveis e direitos de qualquer natureza.

Receitas não tributáveis no lucro presumido

Consideram-se não tributáveis as receitas e rendimentos a seguir discriminados:

- a recuperação de créditos que não representem ingressos de novas receitas e cujas perdas não tenham sido deduzidas na apuração do lucro real em períodos anteriores;
- a reversão de saldo de provisões anteriormente constituídas, desde que o valor provisionado não tenha sido deduzido na apuração do lucro real dos períodos anteriores, ou que se refiram ao período no qual a pessoa jurídica tenha se submetido ao regime de tributação com base no lucro presumido ou arbitrado;
- os lucros e dividendos recebidos decorrentes de participações societárias, caso refiram-se a períodos em que os mesmos sejam isentos de IRPJ.

---

[78] IN SRF nº 93/1997, art. 1º.

[79] Lei nº 10.684/2003, art. 22.

Escrituração dos contribuintes optantes pelo lucro presumido

A pessoa jurídica optante pela sistemática de tributação com base no lucro presumido deverá manter escrituração contábil nos termos da legislação comercial ou, opcionalmente: o livro-caixa, onde deverá estar escriturada toda a movimentação financeira, inclusive bancária; o livro de registro de inventário, no qual deverão constar registrados os estoques existentes no término do ano-calendário; e, em boa guarda e ordem todos os livros de escrituração obrigatórios por legislação fiscal específica, bem como os documentos e demais papéis que serviram de base para a escrituração comercial e fiscal. A opção pelo livro-caixa e pelo livro registro de inventário só tem efeitos para fins fiscais, não se prestando aos atos da vida comercial, concordata ou falência.[80]

Recomendamos que a empresa mantenha escrituração completa, com observância da lei comercial. Caso contrário, só poderá distribuir lucros a seus sócios, sem incidência de IRPF, até o valor correspondente ao lucro presumido, diminuído dos impostos e contribuições federais a que estiver sujeita a pessoa jurídica.[81] Portanto, para a distribuição do lucro contábil efetivo, é indispensável manter escrituração completa, em consonância com as leis comerciais.

Exemplo de cálculo do lucro presumido

A empresa Flauta Mágica Ltda. obteve, no primeiro trimestre de 2009, as seguintes receitas:

- venda de produtos de fabricação própria: R$ 3 milhões;

[80] NCC, arts. 1.180; 1.183, *caput* e §2º; 1.185; 1.186.
[81] IRPJ, CSLL, PIS e Cofins.

- serviços de assistência técnica: R$ 500 mil;
- aluguel de um galpão: R$ 60 mil;
- receita financeira: R$ 40 mil.

Teve, ainda, imposto de renda retido na fonte sobre aplicações financeiras: R$ 4 mil.

Com base nessas informações, calculamos o IRPJ e a CSLL da empresa, conforme podemos visualizar na tabela 5.

Tabela 5
Cálculo do lucro presumido

		IRPJ		CSLL	
Descrição	**Em R$**	%	BC	%	BC
Fabricação própria	3.000.000,00	8	240.000,00	12	360.000,00
Serviços	500.000,00	32	160.000,00	32	160.000,00
Aluguel	60.000,00	100	60.000,00	100	60.000,00
Financeira	40.000,00	100	40.000,00	100	40.000,00
		Total	500.000,00	**Total**	620.000,00
		IRPJ devido	119.000,00		2
		(–) IRRF	4.000,00		2
		IRPJ a pagar	**115.000,00**	**CSLL**	**55.800,00**

Foram aplicados os percentuais de 8% e 32%, no cálculo do IRPJ, em conformidade com as atividades desenvolvidas pela empresa (indústria e prestação de serviços) e 12% e 32%, no cálculo da CSLL. As demais receitas foram tributadas integralmente por não pertencerem à atividade-fim da empresa. Sobre a base de cálculo foi aplicada, para fins de IRPJ, a alíquota de 15%, além do adicional de 10% sobre a parcela que ultrapassou R$ 60 mil. Sobre a base de cálculo da CSLL aplicou-se a alíquota de 9%.

Simples ou presumido? Qual a melhor alternativa? Um estudo de caso da indústria gráfica

Sob o ponto de vista financeiro, qual a opção mais vantajosa para uma empresa do setor gráfico, em relação ao recolhimento de tributos federais: a opção pelo Simples Nacional ou o recolhimento pelo lucro presumido? Os cálculos foram realizados no apêndice A.

Consideremos duas empresas gráficas, constituídas no início do mesmo ano, de tamanhos diferentes e apresentando as seguintes informações: a gráfica Serrano obtém receita mensal de R$ 90 mil; a gráfica Portela obtém receita mensal de R$ 180 mil; o valor da folha de pagamento de ambas corresponde a 10% do faturamento; nesse tipo de atividade, o percentual total de encargos a ser recolhido ao INSS é de 28,8%[82] sobre a folha de pagamento; o valor do ICMS a recolher representa 10% do faturamento, no cálculo do lucro presumido; e, para efeitos de cálculo do Simples e do lucro presumido, a atividade gráfica é considerada industrial.[83]

Da tabela 6 e do detalhamento dos cálculos constantes do apêndice A observamos que, para ambas as empresas, com tamanhos diferentes, o Simples Nacional é a melhor alternativa, pois passou a incorporar o ICMS. O lucro presumido tornou-se a opção mais onerosa. Essa conclusão não pode ser aplicada diretamente ao setor de serviços, pois devemos considerar também a participação da mão de obra na formação da receita, notadamente se o setor de atividade estiver enquadrado no anexo IV da LC nº 128/2008.

[82] Corresponde à parcela de 20% do empregador, mais as contribuições para o sistema "S" (3,1%), o Incra (0,2%), o salário-educação (2,5%) e o seguro de acidentes de trabalho (3,0%).
[83] ADI SRF nº 18/2001.

Tabela 6

Comparação: Simples × presumido (R$)

Empresa	Simples		Presumido					Diferença
	Valor devido	Encargos do INSS	IRPJ e CSLL	Cofins e PIS (3,65%)	ICMS	Encargos do INSS	Total no presumido	
Gráfica Serrano	102.924,00	0,00	24.624,00	39.420,00	108.000,00	31.104,00	203.148,00	(100.224,00)
Gráfica Portela	257.472,00	0,00	49.248,00	78.840,00	216.000,00	62.208,00	406.296,00	(148.824,00)

Lucro arbitrado

O arbitramento normalmente ocorre por iniciativa da autoridade administrativa, mas é admissível o autoarbitramento, desde que conhecida a receita bruta. Caso contrário, o arbitramento deverá ser efetuado pela fiscalização, dentro do elenco de hipóteses previstas na legislação de regência da matéria.[84]

As principais hipóteses de arbitramento consistem em escrituração imprestável, escrituração com indícios de fraudes ou existência de vícios, erros que não permitam a determinação do lucro real, opção indevida pela tributação com base no lucro presumido e falta de apresentação, à autoridade tributária, dos livros e documentos obrigatórios da escrituração comercial e fiscal.

Do ponto de vista do contribuinte, por exemplo, é possível o autoarbitramento quando se torna obrigado a optar pelo lucro real, mas, nesse momento, ainda não dispõe de uma contabilidade e controles necessários para se submeter às exigências de obrigações acessórias inerentes a este regime. Assim, pode temporariamente o contribuinte adotar o lucro arbitrado por opção, tomando por base de cálculo a receita bruta. Outra alternativa de opção pelo lucro arbitrado ocorre quando o contribuinte, optante pelo lucro real, obtém uma receita expressiva que não deve ocorrer novamente. No trimestre em que ocorreu o pico de receita, com boa margem de lucro, poderá ele optar pelo lucro arbitrado.

O cálculo do lucro arbitrado é semelhante ao cálculo do lucro presumido, bastando utilizar os percentuais do IRPJ do lucro presumido com majoração de 20%.[85] Não há previsão legal de majoração do percentual para cálculo da CSLL.

---

[84] Lei nº 8.981/1995, arts. 31 e 47; Lei nº 9.249/1995, art. 16.

[85] Lei nº 9.249/1995, art. 16; Lei nº 9.430/1996, art. 27, inciso I.

Lucro real

Lucro real é o lucro líquido do período-base ajustado por adições, exclusões e compensações prescritas ou autorizadas pelo regulamento do imposto de renda.

Estão obrigadas ao lucro real as empresas:[86]

a) cuja receita total, no ano-calendário anterior, seja superior ao limite de R$ 48 milhões, ou o proporcional ao número de meses no período, quando inferior a 12 meses;
b) cujas atividades sejam de bancos comerciais; bancos de investimentos; bancos de desenvolvimento; caixas econômicas; sociedades de crédito, financiamento e investimento; sociedades de crédito imobiliário; sociedades corretoras de títulos, valores mobiliários e câmbio; distribuidoras de títulos e valores mobiliários; empresas de arrendamento mercantil; cooperativas de crédito; empresas de seguros privados e de capitalização (inclusive operadoras de planos de assistência à saúde — OPS) e entidades de previdência privada aberta;
c) que tiverem lucros, rendimentos ou ganhos de capital oriundos do exterior;
d) que, autorizadas pela legislação tributária, usufruam benefícios fiscais relativos à isenção ou redução do imposto;
e) que, no decorrer do ano-calendário, tenham efetuado pagamento mensal pelo regime de estimativa,[87] na forma do art. 2º da Lei nº 9.430/1996;
f) que explorem as atividades de prestação cumulativa e contínua de serviços de assessoria creditícia, mercadológica, gestão de

---

[86] Lei nº 9.718/1998, art. 14, com redação dada pela Lei nº 10.637/2002, art. 46.

[87] A regra geral, estabelecida pela legislação fiscal, é a apuração trimestral dos resultados da pessoa jurídica. Alternativamente o contribuinte poderá optar pela apuração anual. Nesse caso, deverá efetuar o recolhimento mensal do IRPJ e da CSLL, a título de antecipação do imposto calculado na declaração anual. Tal antecipação pode ser feita de duas maneiras: por estimativa, com base nas receitas (similar ao lucro presumido) ou por intermédio dos balancetes de suspensão ou redução.

crédito, seleção e riscos, administração de contas a pagar e a receber, compras de direitos creditórios resultantes de vendas mercantis a prazo ou de prestação de serviços (*factoring*).

As pessoas jurídicas de que tratam os itens (a), (c), (d) e (e) excepcionalmente poderão optar, durante o período em que estiverem submetidas ao programa de recuperação fiscal (Refis), pelo regime de tributação com base no lucro presumido.[88] Empresas obrigadas ao lucro real que apresentavam bons índices de lucratividade, aproveitaram-se de brechas na lei do Refis e ingressaram no lucro presumido, reduzindo substancialmente sua carga tributária.

Na sistemática de apuração do lucro real há receitas reconhecidas na contabilidade que a legislação tributária não considera tributáveis. Como aumentam o resultado do período, devemos excluí-las no Lalur, de forma a determinar a base de cálculo do IRPJ e da CSLL. Os casos mais notórios dessas receitas são rendimentos de participações societárias, equivalência patrimonial (explicada no capítulo 2 do livro *Contabilidade dos investimentos em participações societárias*),[89] doações feitas pelo poder público, ágio na emissão de ações e lucro na venda de ações em tesouraria. Essas exclusões estão contempladas nos ajustes ao lucro líquido. Além disso, também é necessário adicionar as despesas não dedutíveis.

Ajustes do lucro líquido

Os ajustes do lucro líquido, para fins de apuração da base de cálculo do IRPJ (lucro real), são apenas três: as adições, as exclusões e as compensações.

[88] Lei nº 9.964/2000, art. 4º.
[89] Ver Cardoso (2007).

O Lalur deverá ser apresentado em meio eletrônico (e-Lalur) a partir do exercício de 2010 (ano-calendário de 2009),[90] em substituição ao modelo anterior. Possui características eminentemente fiscais, tendo por objeto possibilitar a passagem do lucro contábil ao lucro fiscal (real). Assim, todas as pessoas jurídicas sujeitas ao lucro real estão obrigadas à escrituração do e-Lalur. Ele está estruturado em duas partes: "A" e "B". A parte "A" destina-se aos lançamentos de ajuste do lucro líquido do período (adições, exclusões e compensações), determinando-se a base de cálculo do IRPJ. A parte "B" é destinada exclusivamente ao controle de valores que não constam da escrituração comercial, mas que influenciam a determinação do lucro real em períodos de apuração subsequentes. São também controlados na parte B do e-Lalur os ajustes contabilizados que dependem de evento futuro para serem, definitivamente, computados no lucro real.

Embora a base de cálculo da CSLL não seja exatamente a mesma do IRPJ, a legislação da CSLL acompanha, em grande parte, as regras de apuração e recolhimento deste imposto. Casos clássicos de divergências na apuração das bases de cálculo são ágio e deságio decorrentes de participações societárias e a condição de "despesa necessária à fonte produtora".

Existem certas regras na legislação tributária que limitam ou impedem que determinados custos ou despesas sejam tidos como dedutíveis na apuração do lucro real. Tais custos ou despesas, ao serem registrados contabilmente, reduzem o lucro líquido. Para que essa redução não afete o lucro real, as despesas ou custos não dedutíveis devem ser adicionados ao lucro líquido.

[90] IN RFB nº 989/2009.

Para que uma despesa seja dedutível na base de cálculo do IRPJ, deve atender às seguintes condições:[91] não ser computada como custo; ser necessária à fonte produtora; ser comprovada e escriturada; ser contabilizada no período-base competente.

As adições podem ser definitivas ou temporárias. As primeiras não são aceitas porque não guardam relação direta com a fonte produtora, ou seja, não são necessárias à manutenção da respectiva fonte produtora, constituindo mera liberalidade da empresa; as últimas referem-se a despesas que não são aceitas no exercício em que foram contabilizadas, mas o serão no futuro.

No primeiro grupo (adições definitivas) podemos citar brindes, gastos com veículos de diretores, aluguéis de imóveis residenciais para diretores, multas de trânsito etc. Entre as adições temporárias destacam-se as provisões que não são dedutíveis no momento de sua constituição, mas o serão no futuro, em virtude da reversão da provisão ou ocorrência de perda efetiva. Tanto a contabilidade quanto o fisco exigem o princípio contábil do conservadorismo, mas sob abordagens distintas. A contabilidade preocupa-se em — no caso de existência efetiva de dúvidas quanto à valoração de ativos, passivos, despesas e receitas — fazer com que, dos valores em discussão, se atribuam os mais conservadores, ou seja, os menores para os casos dos ativos e das receitas e os maiores para os casos dos passivos e das despesas. Já o fisco enxerga a questão do conservadorismo com outras lentes, uma vez que busca evitar que as empresas subavaliem o lucro, com o objetivo de evitar o pagamento a menor de impostos incidentes sobre o lucro. Logo, conservador é, na dúvida, reconhecer a maior receita (tributável) e a menor despesa (dedutível).

De acordo com a legislação fiscal,[92] só haverá redução dos lucros na hipótese de o valor envolvido ser imaterial quando

[91] RIR/1999, art. 299.

[92] Lei nº 9.430/1996, arts. 9º a 14.

houver perda efetiva e não mera expectativa de perda, de forma que sua assunção como despesa não afete significativamente a base de cálculo dos tributos incidentes sobre o lucro.

Assim como as despesas devem atender a condições e limites para que sejam consideradas dedutíveis, existem algumas regras que atribuem tratamento especial para determinados tipos de receitas. São valores que foram reconhecidos como ganho pela contabilidade, mas sobre os quais não se exige sua tributação. Assim, essas receitas, embora reconhecidas contabilmente, não compõem a base de cálculo da tributação sobre o lucro. Fazendo sua exclusão, estaremos anulando seu efeito no resultado do exercício.

Entre as exclusões definitivas estão as receitas de dividendos e os resultados positivos de equivalência patrimonial, tendo em vista que já foram tributados na empresa investida.

As exclusões temporárias decorrem do reconhecimento de receitas, pela contabilidade, por meio do regime de competência (disponibilidade econômica), mas a norma fiscal só as exige pelo regime de caixa (disponibilidade financeira). Os casos clássicos dessas exclusões são decorrentes de contratos de longo prazo e contratos com pessoa jurídica de direito público ou empresa sob seu controle.

Para fins de determinação do lucro real, o lucro líquido — depois de ajustado pelas adições e exclusões previstas ou autorizadas pela legislação do IRPJ — poderá ser reduzido em até 30% pela compensação de prejuízos fiscais. Consequentemente, os saldos de prejuízos fiscais e da base negativa da CSLL não compensados em função dessa limitação (30% do lucro ajustado do período) poderão ser utilizados nos anos-calendários subsequentes.

Já a pessoa jurídica que explora atividade rural poderá compensar prejuízos fiscais de exercícios anteriores com o lucro fiscal do período, não se aplicando o limite de 30%.[93] Também é admitida à pessoa jurídica que explora esse tipo de atividade a depreciação integral, no próprio ano-calendário de aquisição, dos bens do ativo imobilizado quando destinados à produção.

Exemplo de cálculo do lucro real

Consideremos os dados a seguir da empresa Navio Fantasma Ltda. no ano-calendário de 2009:

Lucro contábil	R$ 600 mil
Adições, conforme Lalur	R$ 50 mil
Exclusões, conforme Lalur	R$ 110 mil

O livro Lalur da empresa, em sua parte B (onde as adições e exclusões temporárias são escrituradas), indica um prejuízo fiscal de exercícios anteriores no montante de R$ 250 mil.

Com base nessas informações, vamos calcular o IRPJ e a CSLL, bem como o saldo remanescente da conta de prejuízos fiscais.

Lucro contábil	R$ 600 mil
Adições	R$ 50 mil
Exclusões	R$ 110 mil
Lucro fiscal antes da compensação de prejuízos	R$ 540 mil
Compensação de prejuízos	R$ 162 mil
Lucro real	R$ 378 mil

Cálculos:
IRPJ: R$ 378 mil × 0,15 + (R$ 378 mil – R$ 240 mil) × 0,10 = R$ 70,5 mil
CSLL: R$ 378 mil × 0,09 = R$ 34,020 mil

[93] IN SRF nº 257/2002.

O saldo remanescente da conta de prejuízos fiscais, no final do exercício de 2009, foi de R$ 88 mil (R$ 250 mil – R$ 162 mil).

Participações nos lucros

As participações dos empregados nos lucros ou resultados das empresas são dedutíveis do IRPJ e da CSLL como se despesas fossem, sem qualquer limitação. O pagamento na forma de participação nos lucros ou resultados a empregados não constitui salário, fato que resguarda a empresa de problemas trabalhistas. Tais pagamentos também não estão sujeitos ao INSS e ao FGTS. Contudo, para que a empresa usufrua da dedutibilidade da participação dos empregados em seus lucros, é necessário que, entre um pagamento e outro, decorra um prazo mínimo de seis meses, além de ser instituído um programa que estabeleça a forma e as condições de pagamento, negociado com uma comissão de empregados integrada por um representante do sindicato da categoria, sendo dispensada a constituição da comissão caso conste de acordo ou convenção coletiva.

Além da participação dos empregados nos lucros, há também participações de administradores, partes beneficiárias e debenturistas, cujo tratamento fiscal está evidenciado no quadro 4.

Quadro 4

Tratamento fiscal das demais participações nos lucros

Participações	IRPJ	CSLL
Administradores	Indedutível	Dedutível
Partes beneficiárias	Indedutível	Dedutível
Debenturistas	Dedutível	Dedutível

Juros sobre capital próprio (JCP)

A Lei nº 9.249/1995, além de extinguir a correção monetária das demonstrações contábeis a partir do ano de 1996, trouxe outra novidade: possibilitou a dedutibilidade das importâncias pagas ou creditadas aos sócios ou acionistas das pessoas jurídicas a título de juros sobre o capital próprio.

A pessoa jurídica poderá deduzir, para efeitos da apuração do lucro real e da base de cálculo da CSLL, os juros pagos ou creditados individualmente a titular, sócios ou acionistas, a título de remuneração do capital próprio,[94] calculados sobre as contas do patrimônio líquido ajustado[95] e limitado à variação, *pro rata*/dia, da taxa de juros de longo prazo (TJLP).

O Conselho Monetário Nacional (CMN) fixa, para cada trimestre, a TJLP, sendo necessário calcular a taxa equivalente mensalmente até chegar à taxa acumulada ao ano. Contudo, a SRF não definiu se a taxa deve ser calculada de forma exponencial ou linear. O Bacen pronunciou-se a respeito do cálculo de JCP para o exterior e sugeriu que se adotasse o cálculo exponencial, por intermédio do anexo à carta circular nº 2.722/1996.

O valor dos juros pagos ou creditados, para efeito de dedutibilidade como despesa financeira, é apurado pela aplicação da TJLP sobre o patrimônio líquido inicial, e não poderá exceder 50% do maior entre os seguintes valores: lucro líquido correspondente ao período de apuração dos juros, após a dedução da CSLL; e saldos de lucros acumulados e reservas de lucros de períodos anteriores. E esse valor dos juros a título de remuneração do capital próprio poderá ser imputado ao valor dos dividendos mínimos obrigatórios, sem prejuízo do pagamento do imposto de renda na fonte.

[94] Lei nº 9.249/1995, art. 9º.

[95] Do patrimônio líquido no início do período não será considerado o valor da reserva de reavaliação, exceto se for adicionada à base de cálculo do IRPJ e da CSLL.

O valor dos JCP considera-se creditado, individualmente, quando a despesa é registrada na escrituração contábil da pessoa jurídica, em contrapartida à conta ou subconta de seu passivo exigível, representativa de direito de crédito do sócio ou acionista da sociedade ou do titular da empresa individual,[96] sujeito à incidência do imposto de renda na fonte.

O valor dos juros pagos ou creditados pela pessoa jurídica a título de remuneração do capital próprio sujeita-se à incidência do imposto de renda na fonte, à alíquota de 15%, na data do pagamento ou crédito.[97] Caso o beneficiário dos juros sobre o patrimônio líquido seja pessoa física ou pessoa jurídica isenta, o imposto retido na fonte será considerado tributação definitiva, classificada como exclusivamente na fonte.

Tratando-se de beneficiária pessoa jurídica tributada pelo lucro real, presumido ou arbitrado, os juros recebidos integram o seu resultado para fins de IRPJ e de CSLL, e o imposto sobre eles retido será considerado antecipação do devido na declaração de rendimentos, ou poderá ser compensado com aquele a ser recolhido sobre os juros por ela pagos a seus sócios.[98]

Quando se tratar de distribuição de juros sobre capital próprio a sócio pessoa física, empresa com prejuízo ou a residente no exterior, é inegável a vantagem tributária para a empresa que optar por essa sistemática em substituição ao pagamento de dividendos ou distribuição de lucros. Terá direito à dedução, da base de cálculo do IRPJ e da CSLL, da despesa financeira correspondente, o que resulta em um benefício de 19%, decorrente da diferença de alíquotas (34% – 15%).

---

[96] IN SRF nº 41/1998, art. 1º, parágrafo único.
[97] Lei nº 9.249/1995, art. 9º, §§2º e 3º.
[98] Lei nº 9.430/1996, art. 51.

Contudo, em relação ao JCP, recomenda-se cautela para a pessoa jurídica optante pelo lucro real que perceber o rendimento, em virtude da elevação das alíquotas do PIS e da Cofins sob a forma de apuração da não cumulatividade. Assim, quanto maior for o grupo de empresas, maior deverá ser o cuidado na distribuição do JCP, podendo mesmo ser inviabilizada sua adoção, tendo em vista que há incidência dessas exações sobre essa receita financeira.

Os grandes conglomerados são os mais atingidos, pois os juros não são pagos diretamente a um sócio pessoa física, mas sim a um grupo de empresas, resultando na incidência de 9,25% (PIS + Cofins) a cada pagamento, sem direito a crédito. Algumas empresas adotam a sistemática de pagarem JCP a uma *holding* no exterior, e esta os repassa às empresas sediadas no Brasil, em virtude de as empresas estrangeiras não terem incidência dessas contribuições sobre receitas de JCP.

Remuneração dos sócios: qual a melhor opção?

Uma questão relevante para a empresa é a remuneração de seus sócios. Entre as alternativas possíveis, qual a melhor opção? A empresa poderá optar por distribuição de lucros, pagamento de JCP ou pagamento de pró-labore. Tomemos o exemplo da Comercial Prometeu Ltda., optante pelo lucro real, que planeja remunerar seus sócios pessoas físicas no montante de R$ 200 mil. Tendo por pressuposto a demonstração de resultado e a memória de cálculo a seguir, vamos determinar a forma de remuneração que resulta em menor carga tributária. Consideremos que constava no balanço do exercício anterior da Comercial Prometeu um saldo na conta de reserva de lucros no valor de R$ 500 mil.

Tabela 7

REMUNERAÇÃO DOS SÓCIOS

Discriminação	Distribuição dos lucros	JCP	Pró-labore
Receita líquida	1.265.250,00	1.265.250,00	1.265.250,00
CMV	700.250,00	700.250,00	700.250,00
Lucro bruto	565.000,00	565.000,00	565.000,00
Desp. administrativas	65.000,00	65.000,00	265.000,00
Despesas com vendas	100.000,00	100.000,00	100.000,00
Despesas financeiras (1)	0	200.000,00	0
Despesas INSS (patronal) (2)	0	0	40.000,00
Lair	400.000,00	200.000,00	160.000,00
IR + CSLL (3)	136.000,00	68.000,00	54.400,00
Lucro líquido	264.000,00	132.000,00	105.600,00

Obserações:

(1) O valor corresponde ao pagamento de JCP.

(2) O valor corresponde à incidência de 20% sobre o pagamento de pró-labore.

(3) Considerou-se a alíquota de 34%.

Tabela 8

RESUMO DA CARGA TRIBUTÁRIA DA PJ E DOS SÓCIOS

Tributos incidentes	Distribuição de lucros	JCP	Pró-labore
IRPJ + CSLL	136.000,00	68.000,00	54.400,00
IRRF (15%)	–	30.000,00	–
IRPF (27,5%)	–	–	55.000,00
INSS (20%)	–	–	40.000,00
Total	136.000,00	98.000,00	149.400,00

Pela tabela 8 e em função dos cálculos que demonstramos na tabela 7, concluímos que a melhor alternativa para remunerar os sócios é através dos JCP. Contudo, há restrições a essa forma de remuneração no caso de conglomerados econômicos, como comentado no item anterior.

Ganhos e perdas de capital

São classificados como ganhos ou perdas de capital,[99] e computados no lucro real, os resultados na alienação, inclusive por desapropriação, na baixa por perecimento, extinção, desgaste, obsolescência ou exaustão, ou na liquidação de bens do ativo não circulante (imobilizado, investimento e intangível).[100] A determinação do ganho ou perda de capital terá por base o valor contábil do bem, assim entendido o que estiver registrado na escrituração do contribuinte, e diminuído, se for o caso, da depreciação, amortização ou exaustão acumulada.[101] O saldo das quotas de depreciação acelerada incentivada, registradas no e-Lalur, será adicionado ao lucro líquido do período de apuração em que ocorrer a baixa.

As perdas de capital apuradas pelas pessoas jurídicas, desde 1º de janeiro de 2006, somente podem ser compensadas com lucros da mesma natureza, observado o limite de 30%.[102] Essa regra não se aplica às perdas decorrentes de baixa de bens ou direitos do ativo não circulante em virtude de se terem tornado imprestáveis, obsoletos ou caído em desuso, ainda que posteriormente venham a ser alienados como sucata.

A IN SRF nº 11/1996 flexibilizou a aplicação da legislação, estabelecendo que a segregação da perda de capital só será

---

[99] Decreto-Lei nº 1.598/1977, art. 31.

[100] A legislação fiscal faz referência às denominações resultado não operacional e ativo permanente, as quais foram extintas pelas leis nºs 11.638/2007 e 11.941/2009. Isto se explica pelo fato de a legislação fiscal adotar as regras contábeis vigentes em 31 de dezembro de 2007.

[101] Decreto-Lei nº 1.598/1977, art. 31, §1º.

[102] Lei nº 9.249/1995, art. 31.

efetuada no final do período (anual ou trimestral), da seguinte forma: se no período for apurado lucro real, a perda de capital que estiver contida nesse lucro não será considerada; a segregação entre prejuízo operacional e perda de capital somente será efetuada se no período também ocorrer prejuízo fiscal (igual à soma do prejuízo operacional com a perda de capital); se o prejuízo fiscal apurado for menor que a perda de capital, todo ele será considerado perda de capital.

Rendimentos de participações societárias

Os investimentos podem ser classificados como temporários e permanentes. Os primeiros são classificados no ativo circulante ou ativo não circulante, neste caso no grupo investimentos temporários de longo prazo; já os investimentos adquiridos com a intenção de continuidade são classificados no ativo não circulante no grupo investimentos.[103]

Quanto ao critério de avaliação, os investimentos temporários são avaliados pelo custo de aquisição ou mercado — o menor dos dois —,[104] enquanto os investimentos permanentes são avaliados pelo custo de aquisição ou pelo método da equivalência patrimonial (MEP). A diferença básica entre os dois métodos é que, no método do custo de aquisição, a conta de investimentos da investidora não se altera em decorrência de fatos econômicos ocorridos na empresa investida; já no MEP os fatos econômicos ocorridos na investida são refletidos na conta de investimentos da investidora no momento de sua geração, independentemente de sua distribuição. O MEP[105] deverá ser adotado nos seguintes casos:

[103] Lei nº 6.404/1976, art. 178, com redação dada pelo art. 37 da Lei nº 11.941/2009.
[104] Lei das Sociedades Anônimas, art. 183, inciso IV.
[105] Lei das Sociedades Anônimas, art. 248, com regulamentação dada pela Deliberação CVM nº 580/2009, que aprovou o pronunciamento técnico CPC 15.

- investimentos realizados em coligadas e controladas. Consideram-se coligadas as sociedades nas quais a investidora tenha influência significativa, assim entendida quando a investidora detém ou exerce o poder de participar nas decisões da política financeira ou operacional da investida, sem controlá-la. Presume-se a influência significativa quando a investidora for titular de 20% do capital votante da investida;
- filial, agência, sucursal, dependência ou escritório de representação no exterior, sempre que os respectivos ativos e passivos não estejam incluídos na contabilidade da investidora, por força de normatização específica;
- sociedade na qual os direitos permanentes de sócio estejam sob controle comum ou sejam exercidos mediante a existência de acordo de votos, independentemente do seu percentual de participação no capital votante.

O MEP consiste em aplicar o percentual de participação da investidora sobre o patrimônio líquido da investida, de preferência na mesma data de encerramento do balanço de ambas as empresas, ou, no máximo, com uma defasagem de 60 dias em relação ao balanço da coligada ou controlada. A diferença entre o resultado obtido nesse cálculo e o valor contábil do investimento será o resultado da equivalência patrimonial (EQP), que tanto poderá ser negativo, se a empresa investida apresentar prejuízo, ou positivo, se apresentar lucro.

Os lucros e dividendos recebidos pela investidora serão excluídos, para efeito de determinar o lucro real, quando estiverem sujeitos à tributação nas sociedades empresárias que os distribuíram, enquanto as amortizações do ágio e do deságio serão diferidas no e-Lalur.

Amortização do ágio e do deságio advindos de aquisição ou alienação de participações societárias

O contribuinte que avaliar investimento em sociedade coligada ou controlada pelo valor de patrimônio líquido deverá, por ocasião da aquisição da participação, desdobrar o custo de aquisição[106] no valor de patrimônio à época e no ágio ou deságio na aquisição, que será a diferença entre o custo de aquisição do investimento e o valor da equivalência patrimonial. O valor de patrimônio líquido e o ágio ou deságio serão registrados em subcontas distintas do custo de aquisição do investimento.[107]

O lançamento do ágio ou deságio deverá indicar, entre os seguintes, seu fundamento econômico: valor de mercado de bens do ativo da coligada ou controlada superior ou inferior ao custo registrado em sua contabilidade; valor da rentabilidade da coligada ou controlada, com base em previsão dos resultados nos exercícios futuros; e fundo de comércio, intangíveis e outras razões econômicas.

O lançamento com os dois primeiros fundamentos do parágrafo anterior deverá ser baseado em demonstração que o contribuinte arquivará como comprovante da escrituração.

Quando desaparecerem os fundamentos que justificaram o ágio ou deságio, eles serão amortizados. A contrapartida da amortização não será computada na determinação do lucro real, exceto quando baixado o investimento correspondente.[108] Concomitantemente com a amortização do ágio ou deságio na escrituração comercial, deve ser mantido controle no Lalur, para efeito da determinação do ganho ou perda de capital, quando da alienação ou liquidação do investimento.

[106] Decreto-Lei nº 1.598/1977, art. 20.

[107] Decreto-Lei nº 1.598/1977, art. 20 e parágrafos.

[108] Decreto-Lei nº 1.598/1977, art. 25; Decreto-Lei nº 1.730/1979, art. 1º, inciso III.

Em relação à apuração da base de cálculo da CSLL, a regra deveria ser a mesma adotada para o IRPJ. Contudo, a legislação de regência da CSLL não aborda essa matéria, estando ela disciplinada apenas em atos normativos expedidos pela Receita Federal do Brasil.[109] As instruções de preenchimento da DIPJ (ficha 17, linhas 13, 22, 36 e 37) orientam as pessoas jurídicas a darem o mesmo tratamento, ao ágio e ao deságio, previsto para o imposto de renda.

Entendemos que esse tópico carece de fundamento legal, pois instruções normativas não são instrumentos legais adequados para tratar de base de cálculo, sendo indispensável edição de lei ordinária sobre o tema. Nesse aspecto, poder-se-ia interpretar que a amortização do ágio seria dedutível, enquanto a amortização de deságio seria tributável, independentemente de ocorrer ou não a liquidação/alienação efetiva do investimento.

O ágio e o deságio, em caso de incorporação, têm tratamento fiscal distinto, sendo objeto de análise no capítulo 4.

Rendimentos auferidos no exterior

A LC nº 104/2001 acrescentou o §2º ao art. 43 do CTN, autorizando que a lei estabeleça as condições e o momento em que se dará a disponibilização das receitas e dos rendimentos oriundos do exterior. Com base nesse permissivo, o art. 74 da MP nº 2.158-35/2001 estabeleceu que, para fim de determinação da base de cálculo do IRPJ e da CSLL, os lucros auferidos por controlada ou coligada no exterior serão considerados disponibilizados para a controladora ou coligada no Brasil na data do balanço no qual tiverem sido apurados.

[109] IN SRF nº 390/2004, art. 44; IN SRF nº 93/1997, art. 49.

Momento da tributação

Os rendimentos e ganhos de capital no exterior, auferidos pela pessoa jurídica domiciliada no Brasil, serão computados na apuração do lucro líquido. Portanto, integram o resultado contábil e são convertidos em reais de acordo com a taxa de câmbio (para venda) na data em que forem contabilizados no Brasil. Porém, somente são computados para fins tributários no período de apuração encerrado em 31 de dezembro do ano da contabilização. Assim, se a contabilização ocorrer no 1º, 2º ou 3º trimestre, serão excluídos para serem adicionados no 4º trimestre.

Os lucros auferidos no exterior por intermédio de filiais, sucursais, controladas ou coligadas serão adicionados ao lucro líquido para determinação do lucro real, na data do balanço em que tiverem sido apurados.[110]

É possível compensar, do imposto apurado no Brasil, o imposto pago no exterior sobre os referidos lucros, rendimentos, ganhos de capital e receitas de prestação de serviços, até o limite do imposto de renda incidente no Brasil. A compensação só é possível quando os referidos lucros, rendimentos e ganhos de capital forem computados na base de cálculo do imposto no Brasil, e desde que esse cômputo se dê até o final do segundo ano-calendário subsequente ao ano de sua apuração. A tributação será efetuada no final do período em que tenha sido disponibilizado por meio de adição do lucro na parte "A" do Lalur. O prejuízo apurado no exterior não poderá ser compensado no Brasil.

[110] MP nº 2.158-35/2001, art. 74.

Machado (2004), analisando a LC nº 104/2001, afirma:

> É possível que tais normas venham ensejar sérios conflitos em torno do fato gerador do imposto de renda, tendo-se em vista que receita e renda, palavras em tais normas utilizadas como se fossem sinônimos, na verdade não se confundem. Significam realidades econômicas e jurídicas bastante diversas.

Os contribuintes têm se revoltado contra a ampliação do conceito de renda introduzido pela LC nº 104/2001 por entenderem que renda e rendimento significam realidades jurídicas e econômicas diversas do conceito de renda disposto na CF. Ademais, a SRF tem editado normas[111] que conflitam com a lei que regulamentou a matéria. No ato legal, o resultado da equivalência patrimonial advindo do exterior continua com o mesmo tratamento fiscal aplicado às coligadas e controladas estabelecidas no país, enquanto o ato normativo, indo além do que dispôs a lei, estabeleceu que o resultado positivo de equivalência patrimonial dos investimentos no exterior será tributado no Brasil.

Outro ponto de discórdia tem sido o momento da tributação dos lucros auferidos por filial, coligada ou controlada no exterior. Essa lide já se encontra no STF, onde está sendo discutido se a LC nº 104/2001 poderia criar fato gerador de renda distinto da disponibilidade jurídica ou econômica, tendo como corolário o momento de reconhecimento desses resultados. A questão encontrava-se, no ano de 2010, sob apreciação na ADI nº 2.588, em que houve pedido de vista do ministro Carlos Brito, com votos favoráveis à União dos ministros Nelson Jobim e Eros Grau; desfavoráveis dos ministros Marco Aurélio, Ricardo

[111] IN SRF nº 213/2002.

Lewandowski e Sepúlveda Pertence; e um voto parcialmente desfavorável da ministra Ellen Gracie (que considera inconstitucional apenas a tributação das coligadas). Não há uma previsão das perdas que eventual derrota significaria para a União.

Considerações finais

Neste capítulo evidenciamos as formas de apuração do IRPJ e da CSLL, com exemplos para cada forma de apuração. Efetuamos simulações entre o Simples Nacional e o lucro presumido, com diferentes tamanhos de empresas, e concluímos que a opção pelo lucro presumido tornou-se mais onerosa do que o Simples Nacional, em relação às empresas industriais estudadas. Contudo, caso a simulação optasse pelo setor de serviços, poderíamos chegar a conclusão diversa, notadamente para os setores de atividades elencadas no anexo IV da LC nº 123/2006.

Na sistemática pelo lucro real, demonstramos que uma alternativa a ser considerada para remuneração de sócios é a adoção do cálculo dos JCP. No entanto, essa economia de tributos pode ser anulada caso o pagamento dos JCP se dê em conglomerados econômicos, por conta da incidência do PIS e da Cofins sobre a receita financeira na empresa beneficiária.

Na análise dos rendimentos de participações societárias classificamos os investimentos pelo ponto de vista de sua avaliação, discutimos os casos em que se deve adotar o método de equivalência patrimonial, além de tratarmos de aspectos fiscais dos dividendos, da amortização do ágio e do deságio advindos de participações societárias, que têm tratamento diferente nos casos de reorganização societária, como veremos no capítulo 4. Analisamos, também, o reconhecimento dos rendimentos auferidos no exterior, tema que tem provocado debates acalorados nos meios acadêmicos e no Judiciário.

No próximo capítulo, o leitor terá a oportunidade de assimilar os aspectos de incidência dos impostos sobre faturamento, evidenciando uma abordagem gerencial na determinação do preço de venda, a partir de estruturas de custos para contribuintes optantes pelo lucro presumido e pelo lucro real, com fixação de margem de lucro.

3

Tributos incidentes sobre o faturamento

Neste capítulo apresentaremos as principais características e algumas particularidades dos tributos diretamente vinculados ao faturamento das empresas, limitando-se nosso estudo ao IPI, ICMS, ISS e às contribuições sociais (Cofins e PIS). Demonstraremos a maneira pela qual os tributos são apurados e como devem ser computados na receita bruta de bens e serviços.

Comentaremos individualmente os aspectos materiais e temporais de incidência dos tributos mencionados e destacaremos as pessoas nomeadas contribuintes ou responsáveis por determinação legal, assim como os componentes relevantes na apuração da base de cálculo de cada um dos tributos e as alíquotas comumente utilizadas, ou como localizá-las quando específicas por produtos.

Distinguiremos aspectos aparentemente conflitantes na incidência e na cobrança deles, que são de grande importância na elaboração dos planos de produção e seus processos, nas decisões comerciais, enfim, nas principais tarefas executadas nas empresas.

Como são inúmeras as atividades produtivas, comerciais e de prestação de serviços, somadas à extensa e complexa legislação tributária, com dezenas de particularidades, não pretendemos esgotar neste capítulo todos os contornos e alternativas viáveis na realização de um eficaz planejamento tributário, pois cada situação específica deve ser analisada sob a ótica da legislação vigente e aplicável. Todavia, situações usuais e de conhecimento dos especialistas para a obtenção de possível economia tributária merecerão destaque.

Como incluir os tributos no preço de venda

O faturamento, ou receita bruta, é o valor cobrado na comercialização de produtos e mercadorias ou na prestação de serviços. Dele fazem parte os denominados impostos indiretos, pois são incluídos no valor da nota fiscal fatura fornecida ao adquirente ou ao consumidor. Nesse caso, podemos concluir que o ônus tributário é suportado pelo consumidor final das mercadorias ou serviços numa determinada cadeia produtiva.

Os impostos indiretos[112] mais conhecidos e imprescindíveis na formação do preço de venda são o IPI, o ICMS e o ISS. Além dessas três espécies tributárias com competências distintas, como vimos no primeiro capítulo, incidem ainda sobre a receita bruta operacional das pessoas jurídicas de direito privado a Cofins[113] e o PIS.[114] As duas contribuições sociais são

[112] Esta é uma classificação econômica, na qual não é o realizador do fato imponível quem suporta o ônus do tributo, mas uma terceira pessoa, geralmente o consumidor final da mercadoria ou do produto. Já nos ditos impostos diretos, a carga econômica é suportada pelo próprio realizador do fato gerador (o contribuinte): é o caso do imposto de renda, do IPVA, IPTU etc.

[113] LC nº 70/1991.

[114] LC nº 7/1970.

de competência da União e os recursos de suas arrecadações são aplicados no custeio de atividades sociais.

Os impostos indiretos nas diversas cadeias produtivas podem, ou não, ser cumulativos, isto é, a incidência ocorre em cascata[115] ou não, e essa determinação compete à CF/88, quando prevê para a apuração de alguns deles, como o IPI[116] e o ICMS,[117] a possibilidade de compensar o que for cobrado em cada operação ou prestação com o montante pago nas anteriores, ou seja, esses impostos são regidos pelo princípio da não cumulatividade, e sua aplicação prática será explicada neste capítulo.

Recentemente, por meio de mudança constitucional,[118] as contribuições sociais citadas também passaram a ser regidas pela não cumulatividade;[119] entretanto, algumas atividades e setores da economia permaneceram sujeitos às regras anteriores, conforme definiu a lei instituidora. Por esse motivo uma mesma empresa pode encontrar-se sujeita a apurar e a ter que controlar a incidência prevista para esses tributos em duas ou até em três modalidades, o que permite e possibilita a prática consequentemente lícita de mecanismos de economia tributária.

A sistemática de apuração dos tributos define se eles são recuperáveis e, se for o caso, aqueles pagos na aquisição de materiais e serviços não comporão o custo dos produtos, mercadorias e serviços na correta determinação do preço de venda. Nessa hipótese deverão ser registrados contabilmente como

[115] Incidência em cascata ocorre quando os tributos são cobrados de maneira cumulativa, ou seja, incidem em todas as fases de fabricação e comercialização de um produto ao longo da cadeia produtiva, aumentando significativamente os custos do produto final (plurifásico).

[116] CF/88, art. 153, §3º, inciso II.

[117] CF/88, art. 155, §2º, inciso I.

[118] EC nº 42/2003.

[119] CF/88, art. 195, §12.

créditos e em contas[120] próprias, passíveis de compensação com os tributos devidos quando da ocorrência dos respectivos fatos geradores e num período de tempo demarcado e convencionado pela legislação. Por outro lado, os tributos considerados cumulativos são incluídos no custo dos produtos, mercadorias e serviços em cada etapa da cadeia produtiva, incidindo em cascata e onerando o preço de venda final ao consumidor, como demonstraremos a seguir.

Vamos tomar para exemplo uma indústria de equipamentos de som que decide importar alto-falantes (classificação fiscal: 8518.21.00) e fica sabendo que, na importação, os impostos incidem sobre o valor aduaneiro[121] acrescido do frete, do seguro e das despesas de carga e descarga até o porto importador,[122] o que corresponde supostamente a R$ 1.000,00 para importar 50 unidades desse produto e, nessa operação, são devidos os tributos apresentados nas tabelas 9 e 10 nas respectivas alíquotas (algumas encontradas na Tipi[123] e na TEC),[124] de acordo com a classificação fiscal.

Tabela 9

CLASSIFICAÇÃO FISCAL DOS ALTO-FALANTES

Classificação fiscal	Alto-falantes, mesmo montados nos seus receptáculos	Alíquota (%)	
		II	IPI
8518.21.00	Alto-falante único montado no seu receptáculo	20	15

[120] Ver Iudícibus, Martins e Gelbcke (2000).
[121] Acordo Geral sobre Tarifas e Comércio (Gatt, 1994), art. VII.
[122] Decreto nº 6.759/2009, art. 77.
[123] Tabela do imposto sobre produtos industrializados (Tipi).
[124] Tarifa externa comum (TEC).

Tabela 10
PRINCIPAIS TRIBUTOS DEVIDOS NA IMPORTAÇÃO E RESPECTIVAS ALÍQUOTAS

Tributo	Abreviatura	Alíquota (%)
Imposto de importação	II	20
Imposto sobre produtos industrializados	IPI	15
Imposto sobre circulação de mercadorias	ICMS	17*
Contribuição para financiamento da seguridade social	Cofins	7,6
Programa de integração social	PIS	1,65
Total		61,25

* Essa alíquota é prevista para a maioria dos estados da Federação.

Figura 4
CÁLCULO DOS PRINCIPAIS TRIBUTOS NA IMPORTAÇÃO

Tributo	Alíquota	Valor - $
Valor aduaneiro + frete + seguro + despesas		1.000,00
I.I.	20%	200,00
Base de cálculo (IPI)		1.200,00
I.P.I.	15%	180,00
Cofins/Pis	9,25%	130,74 (2)
Base de cálculo (ICMS)		1.510,74
I.C.M.S.	17%	309,43 (1)
TOTAL DA IMPORTAÇÃO		1.820,17
		82%

Nas situações abaixo, como os tributos fazem parte da sua própria base de cálculo é necessário aplicar as seguintes fórmulas:

$$\textbf{ICMS}\ (1) = \frac{1.510{,}74 \times 17\% / 100}{1 - 17\%/100}$$

$$\textbf{Cofins/Pis}\ (2) = 9{,}25\% \times \left\{ 1000{,}00 \times \frac{1 + 17\% \times [20\% + 15\% \times (1+20\%)]}{(1 - 9{,}25\%) \times (1 - 17\%)} \right\}$$

Os tributos seriam apurados quando do desembaraço aduaneiro, cada um deles de acordo com sua respectiva legislação, na ordem de incidência apresentada na figura 4 e com a utilização da fórmula matemática evidenciada,[125] ficando o cálculo como visto anteriormente.

Antes de continuarmos com as próximas operações da cadeia produtiva, observamos que a soma das alíquotas nominais dos tributos é 20% menor que a porcentagem de tributos verdadeiramente desembolsada (82%) e apurada ao final da incidência tributária na importação. Isso ocorre por dois motivos: primeiro, porque um tributo incide sobre outro, na ordem apresentada, por imposição das respectivas legislações, conforme veremos mais adiante, e segundo, pela exigência legal da inclusão do montante do próprio tributo em sua base de cálculo, como acontece para o ICMS[126] e para a Cofins e o PIS.[127]

Desembaraçada a importação dos alto-falantes, a questão agora é definir o custo de aquisição. De imediato sabemos que o IPI e o ICMS, por se submeterem à não cumulatividade, não farão parte desse custo e que os valores desembolsados na importação, escriturados no livro registro de entradas e registrados na contabilidade em "impostos a recuperar", dão direito ao crédito.

No entanto, o tratamento contábil-fiscal a ser adotado para as contribuições sociais (Cofins e PIS) incidentes na importação dependerá do regime de tributação utilizado na apuração do imposto sobre a renda da pessoa jurídica, estudado no capítulo anterior. Isto é, se a opção foi pelo regime do lucro real, esses tributos serão tratados como recuperáveis sujeitos à não cumulatividade; entretanto, se o regime adotado foi o lucro presumido, a Cofins e o PIS comporão o custo do produto no restante da cadeia produtiva e, nesse caso, as respectivas contribuições serão cumulativas.

Diante dessa circunstância, cabe ao empresário, devidamente assessorado pelo gestor de tributos, o compromisso de realizar uma análise mais abrangente de seu negócio, verificando se convém, ou não, importar um componente e incluir esses

[125] IN SRF nº 572/2005, art. 1º.
[126] CF/88, art. 155, §2º, inciso XII, alínea "i".
[127] Lei nº 10.865/2004, art. 7º.

tributos no custo ou alterar seu regime de tributação optando pelo lucro real, o qual, se adotado, permitirá a recuperação de tais contribuições por meio da compensação de créditos. Em alguns casos o estudo das possíveis e melhores alternativas necessitam apenas de uma análise superficial, mas em outros a realização dos negócios empresariais pode vir a requerer até uma reorganização societária, a fim de minimizar a incidência tributária nos preços de venda, tornando-os mais competitivos.

Dando continuidade ao ciclo produtivo, teríamos como custo dos alto-falantes na importação o valor CIF (*cost insurance freight*)[128] acrescido do imposto de importação e das contribuições sociais, ou não, se considerarmos o importador enquadrado no regime do lucro real. Além disso, na definição do preço de venda dos alto-falantes, outros custos indiretos (R$ 500) são incluídos, como também o lucro (R$ 500) almejado e necessário segundo a administração da entidade.

Na comercialização e saída do produto incidirão os respectivos tributos, calculados pelas alíquotas a seguir informadas, apresentando-se os preços finais quando colocados em comparação os dois regimes de apuração do lucro tributável, na forma apresentada na figura 5.

Realizada a operação de venda dos alto-falantes, a nota fiscal é escriturada no livro registro de saídas, e os tributos devidos são apurados pelo confronto dos créditos com os débitos. No caso do IPI e do ICMS, mediante a escrituração do livro registro de apuração; para as contribuições sociais (Cofins e PIS), por meio de um controle auxiliar na contabilidade, normalmente mantido pelo contador, servindo posteriormente de suporte para o preenchimento e entrega do Dacon[129] à SRF. Essas obrigações acessórias tributárias apresentariam os saldos devedores, conforme a tabela 11, a serem recolhidos nos vencimentos respectivos e previstos em lei.

[128] Custo, seguro e frete.

[129] Demonstrativo de apuração das contribuições sociais.

Figura 5

INCIDÊNCIA DOS TRIBUTOS NA SAÍDA DO PRODUTO

Custo	Regime do lucro presumido		Regime do lucro real	
	Alíquota	Valor (R$)	Alíquota	Valor (R$)
CIF + imp. importação + (Cofins + PIS)		1.330,74 (e)		1.200,00
Outros custos indiretos		500,00		500,00
Lucro		500,00		500,00
Base de cálculo (ICMS, Cofins e PIS)		2.330,74		2.200,00
ICMS	17% (a)	499,34	17% (c)	507,12
Cofins/PIS	3,65% (b)	107,21	9,25% (d)	275,93
Base de cálculo (IPI)		2.937,29		2.983,05
IPI	15%	440,59	15%	447,46
Preço de venda (nota fiscal)		3.377,88		3.430,51

Nas situações (a), (b), (c) e (d), como os tributos fazem parte de sua própria base de cálculo, é necessário aplicar as seguintes fórmulas:

$$ICMS\ (a) = \frac{2.330,74 \times 17\%}{1-(17\% + 3,65\%)}$$

$$Cofins\ /\ PIS\ (b) = \frac{2.330,74 \times 3,65\%}{1-(17\% + 3,65\%)}$$

$$ICMS\ (c) = \frac{2.200,00 \times 17\%}{1-(17\% + 9,25\%)}$$

$$Cofins\ /\ PIS\ (d) = \frac{2.200,00 \times 9,25\%}{1-(17\% + 9,25\%)}$$

(e) Cofins e PIS, no regime de lucro presumido, são computados no custo.

Tabela 11

APURAÇÃO DOS TRIBUTOS NOS LIVROS FISCAIS

Descrição	Regime do lucro presumido			Regime do lucro real		
	IPI	ICMS	Cofins/ PIS	IPI	ICMS	Cofins/ PIS (*)
Livro de registro de entradas (créditos)	180,00	309,43	(a)	180,00	309,43	130,74
Livro de registro de saídas (débitos)	(440,59)	(499,34)	(107,21)	(447,46)	(507,12)	(275,93)
Livro de registro de apuração (saldos)	(260,59)	(189,91)	(107,21)	(267,46)	(197,69)	(145,19)

(a) Neste caso o tributo não é recuperável e foi incluído no custo do produto.

(*) Deverá corresponder ao valor informado no Dacon.

Nesse instante, com todas as informações apresentadas, já podemos demonstrar o fluxo de caixa dessa fase da cadeia produtiva, juntamente com a demonstração do resultado da operação, nos moldes do relatório contábil dedutivo visualizado na figura 6.

Figura 6

DEMONSTRAÇÃO DO FLUXO DE CAIXA E DO RESULTADO DA OPERAÇÃO

Fluxo de caixa (recebimentos e pagamentos) – R$		
Descrição	**Lucro presumido**	**Lucro real**
Entradas		
Venda recebida	3.377,88	3.430,51
Saídas		
Custo da importação	(1.820,17)	(1.820,17)
Outros custos indiretos	(500,00)	(500,00)
IPI recolhido	(260,59)	(267,46)
ICMS recolhido	(189,91)	(197,69)
Cofins e PIS recolhidos	(107,21)	(145,19)
Saldo de caixa	500,00	500,00

Demonstração do resultado da operação		
Descrição	**Lucro presumido**	**Lucro real**
Receita bruta	3.377,88	3.430,51
(-) IPI	(440,59)	(447,46)
(-) ICMS	(499,34)	(507,12)
(-) Cofins e PIS	(107,21)	(275,93)
Receita líquida	2.330,74	2.200,00
Custo dos produtos vendidos	(1.830,74)	(1.700,00)
Lucro bruto	500,00	500,00

Do exemplo desenvolvido, podemos extrair algumas conclusões:

- ficou matemática e contabilmente comprovado que o ônus dos tributos indiretos embutidos no preço dos produtos, mercadorias e serviços é assumido pelo consumidor final, restando ao contribuinte de direito (a empresa) apurá-los, controlá-los e recolhê-los;

- a não cumulatividade realmente é uma técnica para evitar a superposição de incidências tributárias sobre uma série de operações num único ciclo econômico de produção, e ocorre através do mecanismo de crédito e débito de imposto pago e a pagar;
- os tributos incluídos no preço de venda e serviços não devem interferir na lucratividade almejada pela empresa, e a lucratividade deverá corresponder ao saldo remanescente no caixa e ao lucro auferido e apurado na demonstração do resultado;
- se, para a inserção das contribuições sociais (Cofins e PIS) no preço de venda, não se utilizar o chamado "cálculo por dentro", isto é, se o tributo não fizer parte da sua própria base de cálculo, não será obtida a lucratividade desejada; o tributo repassado ao consumidor será menor, e a diferença será ônus do vendedor;
- no caso específico, a adoção do regime do lucro presumido tornou-se mais vantajosa por ter formado um preço final de venda menor e, portanto, mais competitivo.

Depois de demonstrada a metodologia de cálculo dos tributos relevantes na importação de produtos e na sua ulterior comercialização no mercado interno, inclusive com a apresentação dos efeitos no fluxo financeiro e na demonstração do resultado da situação hipotética, comentaremos, nos próximos tópicos, os principais aspectos de incidência, apuração e recolhimento dos tributos que recaem sobre o faturamento de mercadorias, produtos e serviços prestados pelas empresas.

Os impostos sobre o faturamento

O discernimento de cada tipo tributário depende exclusivamente da consistência material do fato descrito pelo legislador. No caso do IPI, por exemplo, a hipótese de incidência do imposto é a produção industrial, excluídas, portanto, as produções artesanal, artística, intelectual, extrativa, agrícola, pastoril etc. Logo, o fato gerador não é só produzir, mas produzir industrialmente.[130]

Na maioria das vezes a terminologia empregada na designação dos impostos identifica o fato econômico inserido em suas hipóteses materiais de incidência. Entretanto, o momento (aspecto temporal) em que essa hipótese fática se concretiza, acarretando a ocorrência do fato imponível ou gerador do imposto, e nascendo, por conseguinte, a obrigação tributária, não é a emissão do documento fiscal, como alguns imaginam, mas sim o exato instante estabelecido em lei e, obrigatoriamente, coerente com o aspecto material do imposto.

Em sintonia com o acima comentado para o IPI, também é possível, no ICMS e no ISS, por meio de suas denominações e, principalmente, das hipóteses de incidência, identificar que fatos econômicos são alcançados por eles, como também os limites de sua abrangência. Isto é, o de competência estadual (ICMS) incide, de forma genérica, sobre as operações relativas à circulação de mercadorias e às prestações de serviços de transporte intermunicipal e interestadual, e de comunicação; o outro imposto, designado aos municípios (ISS), encontra sua conotação econômica na prestação de serviços de qualquer natureza, excluídos aqueles contemplados pelo imposto estadual.

O ICMS não incide em qualquer circulação (meramente física) de mercadorias, apesar de a legislação dispor que é fato gerador desse imposto a saída, a qualquer título, de mercadorias do estabelecimento comercial. Deve existir operação jurídica que, praticada por comerciante, industrial ou produtor, ocasione

[130] Ver Ataliba (2003).

a transferência da posse ou da propriedade da mercadoria, pois o fato imponível desse imposto só ocorre quando há transferência da titularidade.[131]

Ademais, não interessam, para a delimitação da hipótese tributária, nem a operação que seja inábil à transferência do domínio (como locação, comodato, arrendamento e consignação mercantil etc.) nem tampouco o contrato de compra e venda em si, isoladamente, que, embora perfeito, não transfere o domínio, quer no direito civil, quer no direito comercial, sem a tradição.[132]

Além disso, na incidência do ICMS não se exige apenas uma operação de compra e venda de mercadorias, de permuta, de doação, de dação em pagamento etc., ou seja, de um ato jurídico que acarrete a mudança de titularidade. É necessário também o bem móvel envolvido na operação ser uma mercadoria, estar submetido à mercancia, pois a natureza mercantil de um bem não deflui de suas propriedades intrínsecas, mas de sua destinação específica.[133]

Por isso alguns estados preveem, em suas legislações, a não incidência do imposto na venda de bens do ativo imobilizado, respeitando o entendimento doutrinário, ao contrário de outros estados que contemplam no rol das incidências a transmissão de propriedade de bens de capital fixo utilizados ou não na produção ou comercialização das mercadorias e descaracterizam, dessa forma, a natureza do imposto, que deveria ser somente cobrado sobre operações mercantis.

---

[131] Ver Carrazza (2006).

[132] Tradição, nas coisas móveis, é o ato mediante o qual se transforma o direito pessoal em real, com a entrega, ao comprador, da *res vendita*. Com a entrega ao adquirente, a ele se transfere o domínio da coisa. Em suma, é a tradição — não o contrato de compra e venda — que produz a transferência do domínio, ideia, de resto, albergada no art. 1.267 do CC (Derzi et al. apud Carrazza, 2006).

[133] Carvalho (1978) apud Carrazza (2006).

No entanto, no IPI o título jurídico da operação ou a finalidade a que se destina o produto[134] é irrelevante. Nesse caso a incidência se dá pela ocorrência do respectivo fato gerador, que ocorre em todas as saídas de produto do estabelecimento industrial (ou equiparado), seja o ato jurídico mercantil, locação, arrendamento, comodato, doação, transferência para outro estabelecimento da mesma firma (atacadista ou varejista), demonstração etc.

Segundo Bottallo (2003), esse mesmo raciocínio relativo ao IPI e ao ICMS aplica-se ao ISS, que será devido pela existência de um serviço prestado com autonomia, decorrente de uma obrigação de fazer e desde que esteja previsto na lista anexa à LC nº 116/2003. O serviço sobre o qual incide o ISS, portanto, é aquele colocado *in commercium* (no mundo do negócio), sendo submetido, em sua prestação, ao regime de direito privado, além do que não pode incidir sobre os serviços sem conotação econômica.

De acordo com Ávila (2003), esses pressupostos contidos no aspecto material da hipótese de incidência são imprescindíveis, como também prestar serviços não significa fornecer mercadorias e nem ceder o uso de algum bem, pois, nesse caso, trata-se de uma obrigação de dar, e o Supremo Tribunal Federal afastou da incidência do ISS as obrigações dessa natureza.

Como comentamos no primeiro capítulo, esses são os aspectos materiais dos impostos incidentes sobre o faturamento; nos próximos tópicos veremos os aspectos temporais e espaciais deles.

O momento da incidência dos impostos sobre o faturamento

De maneira geral, os impostos incidentes sobre o faturamento têm a ocorrência do fato gerador vinculada à transmis-

[134] Decreto nº 7.212/2010, art. 39.

são, à tradição, à saída de produtos e mercadorias ou ao início ou final da prestação dos serviços. E são as leis, normalmente ordinárias, que definem esse momento.

Quase sempre o aspecto temporal tem relação direta com a saída do produto ou da mercadoria do estabelecimento comercial, industrial ou produtor, com a entrada do produto ou da mercadoria em qualquer um desses locais, às vezes com a extração do documento fiscal, como observaremos no destaque das principais diretrizes previstas na legislação complementar e ordinária de cada um desses impostos.

Como dito, um dos elementos do aspecto material do IPI é a industrialização, que se caracteriza por meio de qualquer operação que modifique a natureza, o funcionamento, o acabamento, a apresentação ou a finalidade do produto, ou implique o aperfeiçoamento para consumo, como transformação, beneficiamento, montagem, acondicionamento e reacondicionamento, renovação e recondicionamento.[135]

Na transformação, a matéria-prima ou produto intermediário passa por um processo industrial, e nasce uma nova espécie de produto. O beneficiamento mantém as características físicas do bem, modificando seu funcionamento, utilização, acabamento ou aparência, sem que seja em decorrência da colocação ou substituição de embalagem, aperfeiçoando-o para consumo. A montagem é a reunião de produtos, peças ou partes, que resulta num novo produto ou unidade autônoma. Acondicionamento e reacondicionamento importam em alterar a apresentação do produto pela colocação de embalagem com o fim comercial ou promocional, excetuando-se aquela colocada apenas para o transporte. Na renovação ou recondicionamento, o produto

[135] Decreto nº 7.212/2010, art. 4º.

usado é renovado ou parte remanescente de produto deteriorado ou inutilizado é restaurada para utilização.

O IPI é devido no desembaraço aduaneiro de produto de procedência estrangeira e na saída de produto do estabelecimento industrial, ou equiparado a industrial, como também nas seguintes situações:

- no quarto dia da data da emissão da respectiva nota fiscal, quando os produtos não saírem do estabelecimento do contribuinte;
- na data da emissão da nota fiscal, quando a empresa comercial exportadora não realizar a operação de exportação;
- na saída de armazém geral ou outro depositário, quando os produtos forem entregues diretamente a outro estabelecimento;
- na saída do estabelecimento industrial diretamente para estabelecimento da mesma firma ou de terceiro, por ordem do encomendante, quando os produtos forem industrializados por encomenda;
- no momento da conclusão da operação industrial, quando a industrialização se der no próprio local de consumo ou de utilização do produto.

O IPI não incide sobre produtos que não sejam considerados industrializados, embora classificados na Tipi em códigos sujeitos a alíquotas, por terem sido elaborados por meio de processos excluídos do conceito de industrialização.[136] São exemplos disso:

- óculos para correção (classificação fiscal: 9004.90.10) — alíquota = 5%. Se os óculos para correção são feitos mediante

[136] Decreto nº 7.212/2010, art. 5º.

receita médica, não estão sujeitos à incidência do IPI. Para fins de aplicação da legislação do IPI, eles não são considerados produtos industrializados;

- móveis de madeira (classificação fiscal: 9403.40.00), do tipo utilizado em cozinhas — alíquota = 5%. Todavia, não está sujeita à incidência do IPI uma mesa de madeira feita por encomenda de um consumidor numa oficina,[137] desde que o valor das matérias-primas utilizadas na confecção da mesa seja igual ou inferior a 40% do preço total cobrado pelo produto.

O ICMS incide não só nas operações e prestações comentadas anteriormente, como também nos atos ou negócios relacionados a seguir:[138]

- importação de mercadoria do exterior;
- fornecimento de mercadorias com prestação de serviços não compreendidos na competência tributária dos municípios ou, estando na competência, a lei complementar expressamente sujeite a mercadoria à incidência do ICMS;
- serviço prestado no exterior ou cuja prestação se tenha iniciado no exterior;
- prestações onerosas de serviços de comunicação, por qualquer meio.

Entre outros momentos determinados pela lei[139] em que ocorre o fato gerador, o principal é a saída, ainda que para outro estabelecimento do mesmo titular. Mas cabe destacar também as transmissões a terceiro de mercadoria depositada

[137] É o estabelecimento que emprega, no máximo, cinco operários e, caso utilize força-motriz, não disponha de potência superior a cinco quilowatts.

[138] LC nº 87/1996, art. 2º.

[139] LC nº 87/1996, art. 12.

em armazém geral[140] ou em depósito fechado[141] e a transmissão de propriedade, ou de título que a represente, quando a mercadoria não tiver transitado pelo estabelecimento transmitente, assim como:

- o fornecimento de alimentação, bebidas e outras mercadorias por qualquer estabelecimento;
- o início da prestação de serviços de transporte interestadual e intermunicipal, de qualquer natureza, e o ato final do transporte iniciado no exterior;
- a entrada, no território do estado, de lubrificantes e combustíveis líquidos e gasosos derivados de petróleo, oriundos de outro estado, quando não destinados à comercialização ou à industrialização.

No ISS, o fato gerador é a prestação de serviço constante da lista anexa à LC nº 116/2003, ainda que esse não se constitua como atividade preponderante do prestador. O ISS também incide sobre o serviço proveniente ou cuja prestação se tenha iniciado no exterior.

A partir dessa lei, ficaram também sujeitos ao ISS os serviços prestados por meio da utilização de bens e serviços públicos explorados economicamente mediante autorização, permissão ou concessão, com o pagamento de tarifa, preço ou pedágio pelo usuário final do serviço.

No entanto, nem todos os casos acarretam a obrigação de pagar ISS. O prestador dos serviços, sendo um profissional autônomo, microempresa ou empresa uniprofissional, pode

---

[140] É o estabelecimento de empresa que recebe produtos para guarda e depósito por conta e ordem de terceiros, podendo emitir títulos negociáveis.

[141] É um estabelecimento, em local próprio ou de terceiros, que as empresas possuem exclusivamente para o armazenamento de suas mercadorias.

estar, dependendo da legislação municipal, beneficiado por uma isenção ou regime especial.

Até o advento da Lei nº 116/2003, o município onde estivesse estabelecido ou domiciliado o prestador era considerado o local da ocorrência do fato gerador; excetuavam-se, apenas, as prestações de serviços de construção civil sujeitas à legislação do município de localização da obra.

Atualmente, essa situação (aspecto espacial) sofreu significativa mudança, e a Lei nº 116/2003 adotou um sistema misto para a incidência do ISS, motivo de tantas polêmicas e discussões. O legislador, apesar de relacionar de forma taxativa mais de 20 espécies de serviços que se sujeitam à legislação do município onde for prestado e onde estiver estabelecido o tomador ou intermediário, também concedeu aos municípios e ao Distrito Federal, mediante lei,[142] a possibilidade de atribuir a responsabilidade pelo crédito tributário à terceira pessoa, vinculada ao fato gerador da respectiva obrigação. Com isso, em muitas localidades o tomador do serviço é obrigado a reter o ISS do prestador e a recolhê-lo aos cofres públicos daquele município, independentemente de o serviço prestado constar ou não na citada relação, colocando numa situação desconfortável o prestador do serviço estabelecido em outro município onde lhe é exigido, também, o imposto.

Outrossim, conflito de competências acontece com os estados e o Distrito Federal, que querem cobrar o ICMS sobre a mercadoria fornecida junto com a prestação de serviço, matéria já regulada[143] e definida na forma sintetizada na figura 7.

[142] LC nº 116/2003, art. 6º.

[143] CF/88, art. 155, inciso IX, alínea "b".

Figura 7

Prestação de serviços com mercadorias

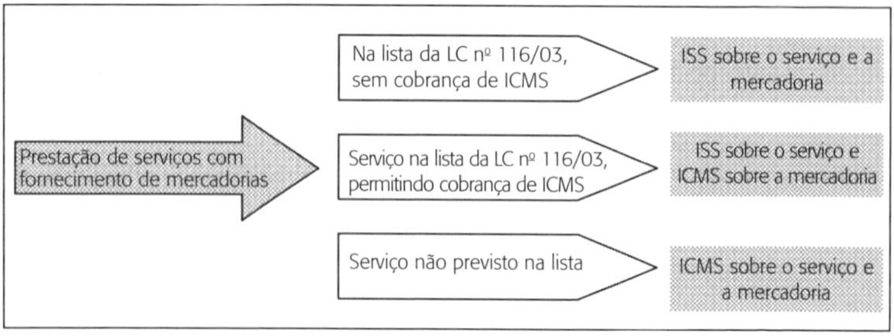

Daí concluirmos haver serviços que não estão incluídos na competência dos municípios, e, se tais serviços forem prestados com fornecimento de mercadorias, serão tributados pelo ICMS sobre o valor total da operação.

É o caso da instalação e montagem de equipamentos vendidos pelo estabelecimento industrial ou comercial que se compromete a entregá-los montados para uso, pois os serviços de montagem, sujeitos à tributação do ISS, são apenas aqueles prestados ao usuário final e com material exclusivamente por ele fornecido (item 14.06 da lista anexa à LC nº 116/03).

Portanto, a montagem encontra-se na esfera de incidência do ISS, sendo possível obter uma redução tributária[144] na prestação desses serviços, desde que atenda, cumulativamente, às seguintes condições: que a montagem seja de qualquer aparelho, máquina ou equipamento, e que o serviço seja prestado a usuário final, com todo o material empregado na montagem fornecido por ele.

Outro elemento importante a ser conhecido no cumprimento das obrigações tributárias são os contribuintes, responsáveis normalmente pelo recolhimento desses impostos e apresentados no tópico seguinte.

[144] Ver Borges (2006).

Contribuintes, equiparados e responsáveis pelos impostos

Contribuinte é o sujeito (passivo da obrigação tributária principal) que mantém relação pessoal e direta com o fato gerador e está obrigado ao pagamento do imposto ou penalidade. Os estabelecimentos de uma mesma empresa são considerados contribuintes autônomos perante a legislação do IPI e do ICMS, devendo cada um cumprir as obrigações tributárias principal e acessórias, independentemente do fato de ser matriz ou filial. A expressão "estabelecimento" delimita as atividades em local onde são realizadas operações industriais e comerciais, constituído por dependências internas, galpões e áreas contínuas cercadas, isoladas e separadas pela via pública.

Sabe-se que o importador de produtos de procedência estrangeira e o estabelecimento industrial que der saída de produtos por ele manufaturados são contribuintes do IPI, como também são contribuintes, por determinação legal, estabelecimentos equiparados[145] a indústrias, entre eles:

- as filiais e demais estabelecimentos que exercem o comércio de produtos importados, industrializados ou mandados industrializar por outro estabelecimento da mesma empresa, salvo se aqueles operam exclusivamente na venda a varejo[146] e não recebem para comercialização produtos importados por outro estabelecimento da mesma firma;
- os estabelecimentos comerciais de produtos cuja industrialização tenha sido realizada por outro estabelecimento da mesma firma ou de terceiro, mediante a remessa por eles efetuada de matérias-primas, produtos intermediários, embalagens, recipientes, moldes, matrizes ou modelos.

---

[145] Decreto nº 7.212/2010, art. 9º.

[146] O estabelecimento será considerado varejista quando efetuar vendas diretas a consumidor, ainda que realize vendas por atacado, em um semestre civil, até o limite de 20%.

A empresa comercial atacadista que adquire toda a produção de outra empresa não é equiparada a estabelecimento industrial, ainda que as duas sociedades sejam constituídas pelos mesmos sócios e instaladas em dependências isoladas da mesma área.[147] São consideradas firmas interdependentes, e a interdependência[148] entre empresas não é, por si só, motivadora de equiparação a estabelecimento industrial, devendo, entretanto, serem observadas as regras de valor tributável mínimo.[149]

Os estabelecimentos citados são compulsoriamente contribuintes do IPI, mas ainda existem os contribuintes desse imposto por opção.[150] Pode parecer estranho um estabelecimento comercial querer pagar o imposto, contudo tal fato pode ser considerado planejamento tributário, pois possibilita que o adquirente efetue, pelo seu valor integral, o crédito do IPI relativo aos produtos comercializados.

O contribuinte principal do ICMS é qualquer pessoa, física ou jurídica, que realize habitualmente ou em volume que caracterize intuito comercial as operações ou prestações de serviços. Não há necessidade da habitualidade e nem mesmo de intuito comercial para ser considerado contribuinte desse tributo o sujeito importador de mercadorias ou bens do exterior; o adquirente de bens e mercadorias em licitação; o destinatário de serviço prestado no exterior ou cuja prestação se tenha iniciado no exterior; ou aquele que adquirir, para consumo, energia elétrica, lubrificantes e combustíveis líquidos e gasosos derivados de petróleo oriundo de outro estado ou do Distrito Federal.[151]

Como vimos no primeiro capítulo, a lei pode atribuir a terceiros a responsabilidade pelo pagamento do ICMS, desde

---

147 PN CST nº 514/1971.
148 Decreto nº 7.212/2010, art. 612.
149 Decreto nº 7.212/2010, art. 191.
150 Decreto nº 7.212/2010, art. 11.
151 LC nº 87/1996, art. 4º.

que vinculados ao fato gerador do imposto. Exemplo disso é a responsabilidade atribuída ao transportador que conduza uma mercadoria desacompanhada de documento fiscal. Também assumirá a condição de substituto tributário, responsabilizando-se pelo recolhimento do ICMS incidente em uma ou mais operações ou prestações anteriores ou posteriores, o contribuinte do imposto ou o depositário, a qualquer título, vinculado de algum modo ao fato gerador.[152] Nessa situação, a substituição tributária subdivide-se em: substituição tributária para trás, também denominada "diferimento", e substituição tributária para frente.

Em relação ao ISS, o contribuinte do imposto é o prestador do serviço,[153] porém os municípios e o Distrito Federal podem atribuir o recolhimento do imposto ao tomador do serviço, de modo expresso em lei, responsabilizando-o pelo cumprimento total ou parcial da referida obrigação, independentemente de ter sido efetuada sua retenção na fonte.[154]

Comentamos a incidência desses impostos, o exato momento da sua ocorrência, os contribuintes e os estabelecimentos responsáveis pelo recolhimento ao erário; a partir de agora, abordaremos o aspecto quantitativo.

A base de cálculo dos impostos e seus elementos

O valor que servir ou que serviria de base para o cálculo do imposto de importação, acrescido do montante desse tributo e dos encargos cambiais pagos ou exigíveis do importador será o montante sujeito ao pagamento do IPI no caso dos produtos de procedência estrangeira. No caso de produtos nacionais, este

---

[152] LC nº 87/1996, art. 6º.
[153] LC nº 116/2003, art. 5º.
[154] LC nº 116/2003, art. 6º.

valor será o total da operação quando da saída dos produtos do estabelecimento industrial ou equiparado a industrial, sem qualquer dedução relativa a descontos, diferenças ou abatimentos concedidos a qualquer título, ainda que incondicionalmente.[155]

O valor da operação compreende o preço do produto[156] acrescido do valor do frete e das demais despesas acessórias cobradas ou debitadas pelo contribuinte ao comprador ou destinatário, ainda que este valor seja cobrado por firma coligada, controlada, controladora ou interligada do estabelecimento contribuinte ou com a qual tenha relação de interdependência.[157]

A base de cálculo do ICMS deve representar a quantificação compreendida na operação mercantil e na prestação de serviços de transporte e de comunicação, ou seja, o valor das mercadorias e preço dos serviços, respectivamente.[158] Assim, na circulação de mercadorias o valor da operação[159] será a base de cálculo, seja na saída de mercadoria do estabelecimento ou nas transmissões; nos serviços de transporte e de comunicação será o preço por eles cobrado.[160]

Na importação[161] de mercadorias, a base de cálculo do ICMS corresponderá ao valor da mercadoria ou bem constante dos documentos de importação, convertidos pela mesma taxa de câmbio utilizada no cálculo do imposto de importação, acrescido do imposto de importação, do IPI, do imposto sobre

---

[155] A jurisprudência do STJ (REsp nº 721.243/PR, registro nº 2005/0011868-0) dispõe: "Consoante explicita o art. 47 do CTN, a base de cálculo do IPI é o valor da operação consubstanciado no preço final da operação de saída da mercadoria do estabelecimento" (REsp nº 477.525/GO. Relator: ministro Luiz Fux. Publicação: *DJ* de 23-6-2003).

[156] O ICMS, como parte integrante do preço da mercadoria, inclui-se, consequentemente, no valor da operação tributável pelo IPI, excetuado aquele cobrado por substituição tributária e o pago na importação de mercadorias e bens.

[157] Decreto nº 7.212/2010, art. 190, §§1º e 2º.

[158] Ver Melo (2000).

[159] LC nº 87/1996, art. 13, inciso I (alterado pela LC nº 114/2002).

[160] LC nº 87/1996, art. 13, inciso III.

[161] LC nº 87/1996, art. 13, inciso V.

operações de câmbio e de quaisquer outros impostos, taxas e contribuições, além das despesas aduaneiras.

Integra, ainda, a base de cálculo do ICMS nas operações realizadas no mercado interno, o valor correspondente ao seguro, juro, descontos concedidos sob condição, frete cobrado em separado e demais importâncias pagas, recebidas ou debitadas.

Como é previsto que o montante do próprio imposto faz parte da base de cálculo (é o chamado cálculo por dentro),[162] esta pode ser obtida mediante aplicação da fórmula a seguir, devendo o ICMS ser destacado nos documentos fiscais apenas para fins de controle:

$$Base\,de\,cálculo = \frac{VM}{1 - \%\,ICMS \div 100}$$

onde:
VM = valor da mercadoria;
% ICMS = alíquota do ICMS.

Não integra a base de cálculo do ICMS o montante do IPI quando a operação, realizada entre contribuintes e relativa a produto destinado à industrialização ou à comercialização, configurar fato gerador de ambos os impostos.[163] De acordo com essa determinação constitucional, o IPI sempre comporá a base de cálculo do ICMS quando o produto for destinado a consumidor final não contribuinte de ICMS. No entanto, caso o adquirente seja contribuinte desse imposto, o IPI será acrescido à base de cálculo do ICMS se o destinatário tiver por finalidade a não comercialização ou industrialização do produto. Nesse

[162] CF/88, art. 155, §2º, inciso XII, alínea "i".
[163] CF/88, art. 155, §2º, inciso XI.

caso, a fórmula matemática a ser utilizada na apuração da base de cálculo será esta:

$$Base\,de\,cálculo = \frac{VM}{1 - [\%\,ICMS \div 100 \times (1 + \%\,IPI \div 100)]}$$

onde:
VM = valor da mercadoria;
% ICMS = alíquota do ICMS;
% IPI = alíquota do IPI.

No ISS a base de cálculo é o preço do serviço,[164] silenciando a lei quanto às deduções permitidas, assim como sobre ser o valor do imposto parte indissociável da base de cálculo, configurando-se ele, portanto, *ad valorem* e não por dentro,[165] como ocorre com o ICMS.

Ademais, a única prestação de serviço com aplicação de material fornecido pelo prestador na qual a lei[166] determina expressamente[167] sua exclusão da base de cálculo do ISS são os serviços de execução de obras de construção civil, hidráulica ou elétrica, e de outras obras semelhantes e de reparação, conservação e reforma de edifícios, estradas, pontes, portos e congêneres.[168]

Depois de determinada a base de cálculo e dando continuidade ao aspecto quantitativo, comentaremos, no próximo

[164] LC nº 116/2003, art. 7º.
[165] Alguns municípios, como Rio de Janeiro e São Paulo, estabelecem em lei ordinária a inclusão do ISS na sua própria base de cálculo.
[166] LC nº 116/2003, art. 7º, §2º.
[167] Existem outros itens da lista de serviços (ver figura 7) nos quais o material utilizado na prestação está sujeito exclusivamente à incidência do ICMS. São eles: 14.01 (lubrificação, limpeza, lustração, revisão, carga e recarga, conserto, restauração, blindagem, manutenção e conservação de máquinas, veículos, aparelhos, equipamentos, motores, elevadores ou de qualquer objeto), 14.03 (recondicionamento de motores) e 17.11 (organização de festas e recepções, bufê).
[168] Lista de serviços anexa à LC nº 116/2003, itens 7.02 e 7.05.

tópico, as alíquotas impostas ao recolhimento desses impostos e a utilização do princípio da não cumulatividade no recolhimento do ICMS e do IPI.

Apuração e alíquotas dos impostos sobre o faturamento

As principais características dos impostos incidentes sobre o faturamento são a não cumulatividade — em que se compensa o que for devido em cada operação ou prestação com o montante do imposto cobrado nas anteriores — e a seletividade — que leva em conta a essencialidade do produto na determinação da carga tributária, isto é, a lei prevê a diferenciação de alíquotas entre produtos, majorando-as para os produtos considerados supérfluos.

A não cumulatividade do imposto é efetivada pelo sistema de crédito, no qual o imposto cobrado sobre os produtos que entraram no estabelecimento pode ser abatido do que for devido pelos produtos dele saídos, num mesmo período. Os estabelecimentos comerciais, industriais e os equiparados a industriais poderão creditar-se, basicamente, do imposto:

- pago no desembaraço aduaneiro;
- relativo às matérias-primas, produto intermediário e material de embalagem, adquiridos para emprego na industrialização de produtos tributados, incluindo-se os insumos que, embora não integrados ao novo produto, sejam consumidos no processo industrial;
- incidente sobre combustíveis, lubrificantes, pneus e câmaras de ar adquiridos por prestadora de serviços de transporte e estritamente necessários a esta atividade;
- cobrado sobre a energia elétrica consumida no processo de industrialização;

- pago na aquisição de bem destinado ao ativo imobilizado do estabelecimento, apenas no caso do ICMS e à razão de 1/48 ao mês.[169]

Os contribuintes do IPI poderão creditar-se, ainda, de 50% do valor do imposto não constante da respectiva nota fiscal e relativo a matérias-primas, produtos intermediários e material de embalagem adquiridos de comerciante atacadista não contribuinte.[170]

De forma geral, no ICMS não dão direito ao crédito fiscal as entradas de mercadorias, bens ou utilização de serviços que resultem em operações ou prestações isentas ou não tributadas, ou que se refiram a mercadorias ou serviços alheios à atividade do estabelecimento. Portanto, é vedado o crédito referente a mercadoria entrada no estabelecimento para integração ou consumo em processo de industrialização ou produção rural, para comercialização ou prestação de serviço, quando a saída do produto resultante ou a prestação subsequente não forem tributadas ou estiverem isentas do imposto, exceto nas operações e prestações destinadas ao exterior.

Desde a LC nº 87/1996, o abatimento do ICMS incidente nas compras de material de uso e consumo não vem sendo permitido e, recentemente, a possibilidade de aproveitamento dos créditos decorrentes dessas aquisições foi novamente prorrogada para o início do ano de 2011.[171]

A não cumulatividade não se aplica ao ISS, e as alíquotas desse tributo são fixadas por lei municipal, devendo, porém, ser estabelecidas entre um mínimo de 2%[172] e um máximo de 5%.[173]

[169] LC nº 87/1996, art. 20, §5º (alterado pela LC nº 102/2000).
[170] Decreto nº 7.212/2010, art. 227.
[171] LC nº 122, de 12 de dezembro de 2006.
[172] CF/88, art. 88 do ADCT (EC nº 37/2002).
[173] LC nº 116/2003, art. 8º.

Na prática, a alíquota do IPI é identificada pela localização do produto na Tipi, de acordo com sua classificação fiscal, enquanto no ICMS as alíquotas, seletivas em função da essencialidade dos produtos ou serviços, são basicamente as seguintes:

- 17% nas operações ou prestações internas realizadas nos estados e no DF, ou naquelas iniciadas no exterior — excetuados os estados de SP, MG e PR (18%) e o RJ (19%);
- 25% nas prestações de serviços de comunicação e mercadorias consideradas supérfluas, tais como bebidas alcoólicas, fumo e seus sucedâneos manufaturados, perfumes, cosméticos etc.

Nas operações ou prestações interestaduais que destinarem mercadorias ou serviços a contribuintes, as alíquotas aplicáveis são as apresentadas na tabela 12.

Tabela 12

ALÍQUOTAS DE OPERAÇÕES OU PRESTAÇÕES INTERESTADUAIS

De	Para	Alíquota (%)
Estados do Sul e Sudeste, com exceção do Espírito Santo	Estados do Norte, Nordeste, Centro-Oeste e Espírito Santo	7
Estados do Sul e Sudeste, com exceção do Espírito Santo	Estados do Sul e Sudeste, com exceção do Espírito Santo	12
Estados do Norte, Nordeste, Centro-Oeste e Espírito Santo	Qualquer estado	12

A alíquota interna deve ser utilizada, entre outras operações e prestações, na importação de mercadoria ou bens do exterior e quando o destinatário da mercadoria ou do serviço for consumidor final localizado em outro estado e não for contribuinte do imposto.

Sobre o faturamento ou receita bruta incidem outras espécies tributárias — as contribuições sociais que financiam, basicamente, a seguridade social e programas sociais, e são assim denominadas e conhecidas: Contribuição Social para o Financiamento da Seguridade Social (Cofins) e Programa de Integração Social (PIS). Essas contribuições passaram a incidir também, a partir de 1º de maio de 2004, sobre a importação de produtos estrangeiros ou serviços provenientes do exterior com legislação[174] e regras próprias. Nos próximos tópicos, porém, trataremos apenas da incidência e apuração dessas contribuições sobre o faturamento das empresas no país.

Contribuições sociais sobre o faturamento

Enquanto estavam em vigor apenas as disposições das leis[175] editadas para atender à alteração promovida pela EC nº 20, de 15 de dezembro de 1998, as contribuições sociais (Cofins e PIS) incidentes sobre o faturamento das empresas não exigiam, em sua apuração e recolhimento, estudos específicos e um planejamento cauteloso por parte de seus contribuintes, como requer a atual e extensa legislação, introduzida a partir de dezembro de 2002, na determinação desses tributos.

As leis nº 9.715/1998 e nº 9.718/1998 trouxeram poucas mudanças em alguns setores estratégicos e específicos da economia, sem esquecer de mencionar, é claro, a elevação da alíquota da Cofins para 3% e a expansão da base de cálculo pela inclusão de todas as receitas operacionais naquela ocasião.

No entanto, na transformação, em parte, dessas contribuições sociais em não cumulativas[176] para alguns segmentos da economia, inserindo também uma outra fonte de custeio da seguridade social e de serviços sociais — a importação de bens

[174] Lei nº 10.865/2004.

[175] Leis nº 9.715/1998 e nº 9.718/1998.

[176] EC nº 42/2003.

e serviços —, esses tributos sofreram substancial modificação na forma de serem apurados e recolhidos.

Adiante destacaremos os principais elementos desses tributos (contribuintes, fato gerador, base de cálculo e alíquotas) e o sistema de incidência e recolhimento dessas contribuições, hoje influenciado pelos regimes de tributação previstos para o IRPJ.

Contribuintes

São contribuintes desses tributos todas as pessoas jurídicas de direito privado e a elas equiparadas pela legislação do IRPJ, devendo apurar e recolher a Cofins e o PIS mensalmente e de forma centralizada na matriz.

São isentas da Cofins, e também do PIS, as receitas decorrentes, entre outras, de exportação direta de mercadorias para o exterior,[177] de serviço prestado a residente e domiciliado no exterior e de vendas realizadas por produtor-vendedor ou qualquer empresa às empresas comerciais exportadoras, com fim específico de exportação.[178]

Apenas para o PIS há a contribuição com base na folha de salários, à alíquota de 1%, devida pelas entidades sem fins lucrativos definidas como empregadoras pela legislação trabalhista, bem como para as fundações, enquadrando-se também nessa forma de recolhimento:[179]

- instituições de educação, de assistência social e de caráter filantrópico e as associações;

---

[177] Os recursos poderão ser mantidos no exterior, observados os limites fixados pelo Conselho Monetário Nacional (CMN), e somente poderão ser utilizados para realização de investimento, aplicação financeira ou pagamento de obrigação do próprio exportador, vedada a realização de empréstimo ou mútuo de qualquer natureza (Lei nº 11.371/2006, art. 1º).

[178] MP nº 2.158-35/2001, art. 14.

[179] MP nº 2.158-35/2001, art. 13.

- conselhos de fiscalização de profissões regulamentadas;
- condomínios de proprietários de imóveis;
- a Organização das Cooperativas Brasileiras (OCB) e as organizações estaduais de cooperativas.

As sociedades cooperativas, além do PIS sobre a folha de pagamento, poderão ter essas contribuições calculadas em relação às receitas de operações praticadas com não associados, tendo em vista que da base de cálculo apenas são desconsideradas as receitas decorrentes da venda de bens e mercadorias vinculados à atividade econômica desenvolvida pelo associado e de atividades desenvolvidas em benefício dos cooperados, desde que seja objeto da cooperativa.

Assim, os contribuintes deverão recolher tais tributos no mês seguinte à ocorrência do fato gerador e depois de calculados sobre a receita bruta operacional, na forma dos itens seguintes.

Fato gerador, receita bruta e suas exclusões

Essas contribuições têm como fato gerador, por determinação das leis instituidoras, o faturamento auferido. No início, para determinação desses tributos o faturamento era conceituado como o produto da venda de bens nas operações de conta própria, o preço dos serviços prestados e o resultado auferido nas operações de conta alheia, conforme definição da legislação do IRPJ.[180]

Essa definição foi distorcida em razão da EC nº 20/1998 e por meio de uma lei ordinária[181] editada na ocasião, que formulou outro entendimento a respeito da receita bruta, rela-

[180] RIR/1999, art. 297.

[181] Lei nº 9.718/1998, art. 2º.

cionando-a com a totalidade das receitas auferidas pela pessoa jurídica, sendo irrelevantes o tipo de atividade por ela exercida e a classificação contábil adotada para as receitas.

No entanto, esse novo entendimento contraria as disposições da legislação societária, a estrutura da demonstração contábil de resultado apresentada há mais de 40 anos na legislação do IRPJ e o entendimento da doutrina contábil, segundo os quais na receita bruta estão compreendidas exclusivamente as receitas decorrentes da atividade que constitui objeto social da pessoa jurídica.[182]

De maneira geral, a receita bruta deve ser reconhecida no momento de sua realização, de forma idêntica ao exigido na legislação do IRPJ, ou seja, em obediência a um dos ditames da contabilidade denominado "princípio da competência".[183] A empresa sujeita ao regime do lucro presumido por opção, e que venha a adotar para o cálculo do IRPJ e da CSLL o momento do recebimento da receita bruta — a entrada financeira dos recursos (regime de caixa) — poderá considerar, também na apuração e recolhimento da Cofins e do PIS,[184] a mesma condição para a ocorrência do fato gerador.[185]

É permitido excluir[186] da receita bruta, desde que a tenham integrado, as vendas canceladas, as devoluções, os descontos incondicionais concedidos, o IPI e o ICMS cobrados pelo vendedor dos bens ou prestador dos serviços na condição de substituto tributário. Além disso, não são inseridas na base de cálculo dessas contribuições:[187]

---

182 Ver Higuchi (2005).

183 Resolução CFC nº 750/1993, art. 9º.

184 MP nº 2.158-35/2001, art. 20.

185 IN SRF nº 247/2001, art. 85.

186 Lei nº 9.718/1998, art. 3º, §2º.

187 IN SRF nº 247/2001, arts. 23 e 24.

- as reversões de provisões;
- as recuperações de créditos baixados como perdas que não representem ingresso de novas receitas;
- os resultados positivos da avaliação de investimentos pelo valor do patrimônio líquido;
- os lucros e dividendos derivados de investimentos avaliados pelo custo de aquisição;
- as receitas decorrentes das vendas de bens do ativo não circulante, exceto se realizáveis a longo prazo.

Diversas modificações foram realizadas na incidência, apuração e recolhimento dessas contribuições nos últimos anos, mas a mais significativa — que exige um exame acurado das particularidades das pessoas jurídicas e suas atividades, permitindo com isso alcançar reduções nesses tributos — foi a introdução dessas contribuições no regime não cumulativo.

A não cumulatividade das contribuições sociais

Como regra geral estão sujeitas ao regime não cumulativo das contribuições sociais as empresas obrigadas ao regime do lucro real ou que venham a adotar essa modalidade de apuração para o IRPJ. Entretanto, a legislação manteve pessoas e receitas submetidas às normas da legislação anterior, isto é, continuam obrigadas a apurar esses tributos pelo regime cumulativo, criando o legislador, dessa maneira, duas modalidades de exclusões. A primeira é subjetiva,[188] exclui a pessoa jurídica como um todo do regime não cumulativo. Entres as excluídas estão as instituições financeiras e equiparadas, as tributadas pelo lucro

[188] Lei nº 10.833/2003, art. 10, incisos I a V.

presumido ou arbitrado, as que adotam o Simples e as sociedades cooperativas, exceto as de produção e de consumo.

No segundo grupo, o das exclusões objetivas,[189] as receitas de operações e prestações, e de atividades específicas são afastadas do referido regime. Fazem parte desse grupo, entre outras, as receitas sujeitas à substituição tributária da Cofins, as receitas decorrentes da prestação de serviços de telecomunicações, de transporte de passageiros, de assistência médica, de educação e de execução de obras de construção civil, bem como as receitas relativas a contratos de longo prazo, celebrados até 31 de outubro de 2003, para fornecimento de bens ou serviços a preço predeterminado.

Na modalidade objetiva, como a exclusão do regime não cumulativo é da receita, significa dizer que uma determinada empresa pode ter, em sua atividade, receitas sujeitas aos dois regimes e, nesse caso, os custos, despesas e encargos vinculados às receitas tributadas pelo regime cumulativo não darão direito aos créditos das contribuições sociais.

As alíquotas das contribuições sociais

As pessoas jurídicas, ou as receitas por elas auferidas, sujeitas ao regime cumulativo permanecem calculando a Cofins e o PIS mediante a aplicação das alíquotas, respectivamente, de 3% e 0,65% sobre a base de cálculo ora definida.

Não obstante as regras do regime não cumulativo terem sido estabelecidas em momentos distintos para o PIS[190] e para a Cofins,[191] o sistema atual de apuração é idêntico em relação à base de cálculo e aos créditos passíveis de aproveitamento;

[189] Lei nº 10.833/2003, art. 10, incisos VI a XXIV.
[190] Lei nº 10.637/2002 (alterada pela Lei nº 10.865/2004).
[191] Lei nº 10.833/2003 (alterada pela Lei nº 10.865/2004).

apenas as alíquotas se diferenciam, como ocorre também no cumulativo, ou seja, foram fixadas, respectivamente, em 1,65% e 7,6%.

Essas mesmas alíquotas[192] incidem nas importações de bens e serviços; entretanto, existem outras alíquotas utilizadas na apuração desses tributos, especificamente para alguns setores sujeitos aos regimes monofásico e semimonofásico. Estão neste último regime combustíveis carburantes, veículos automotores, peças e acessórios, medicamentos, artigos de perfumaria, refrigerantes, cervejas, águas, embalagens para bebidas, entre outros.

Para muitos produtos, o enquadramento ao tipo de regime é feito pela classificação fiscal da Tipi.[193] Por isso a incidência dessas contribuições sobre as receitas das vendas de alguns produtos ou mercadorias ocorre num regime misto, isto é, a matéria-prima pode estar no regime cumulativo ou não cumulativo, isenta ou alíquota zero. Na venda de produto acabado pela indústria, as alíquotas são elevadas porque nas revendas não há tributação, seja por isenção ou por alíquota zero.[194]

Para outros setores da economia, principalmente o setor primário, as alíquotas foram reduzidas a zero, e é necessário conhecer a classificação fiscal da NCM[195] ou da Tipi para localizar os produtos nessa situação nos decretos e leis editados a respeito do assunto.

Depois de determinadas as contribuições devidas mediante a aplicação das alíquotas pertinentes sobre a base de cálculo, os contribuintes poderão abater, quando do recolhimento da Cofins e do PIS, créditos implícitos nas aquisições, nos desem-

---

[192] Lei nº 10.865/2004, art. 8º.
[193] Tabela de incidência do imposto sobre produtos industrializados.
[194] Ver Higuchi (2005).
[195] Nomenclatura comum do Mercosul.

bolsos de custos e despesas, que serão calculados por meio da aplicação das mesmas alíquotas incidentes e previstas para a Cofins e o PIS, respectivamente, no regime não cumulativo.

Os créditos no regime não cumulativo

Os créditos se restringem aos bens e serviços adquiridos de empresa domiciliada no país, assim como os custos e despesas incorridos devem se originar de compromissos assumidos com pessoa jurídica nessa condição. Diante disso, os créditos poderão ser obtidos em relação a:[196]

- bens adquiridos para revenda;
- bens e serviços utilizados como insumo na prestação de serviços e na fabricação de bens ou produtos destinados à venda, inclusive combustíveis e lubrificantes;
- energia elétrica consumida nos estabelecimentos da empresa;
- aluguéis de prédios, máquinas e equipamentos utilizados nas atividades da empresa, incluindo-se também as operações de arrendamento mercantil;
- bens do ativo imobilizado, adquiridos ou fabricados para utilização na produção de bens destinados à venda ou na prestação de serviços ou para locação a terceiros;
- edificações e benfeitorias em imóveis próprios ou de terceiros, utilizados nas atividades;
- armazenagem de mercadoria e frete na operação de venda, quando o ônus for do vendedor.

Não dão direito a crédito os valores pagos a pessoa física a qualquer título e o desembolso na aquisição de bens ou serviços

[196] Lei nº 10.833/2003, art. 3º.

não sujeitos ao pagamento de tais contribuições, inclusive na hipótese de isenção. Nesse caso, somente quando revendidos ou utilizados como insumo em produtos ou serviços sujeitos à alíquota zero, isentos ou não alcançados pela contribuição; logo, se a saída for tributada, o crédito é garantido, ainda que a entrada seja isenta.

Caso a empresa aufira receitas sujeitas à incidência dos dois regimes, o crédito será admitido exclusivamente em relação aos custos, despesas e encargos vinculados às receitas submetidas ao regime não cumulativo desses tributos. Para isso, a empresa poderá escolher entre determinar o crédito pelo método de apropriação direta (em relação aos custos mediante um sistema integrado e coordenado com a contabilidade) ou fazê-lo pelo método de rateio proporcional (aplicando-se a custos, despesas e encargos comuns a relação percentual existente entre a receita bruta sujeita à incidência não cumulativa e a receita bruta total auferidas em cada mês).

Como o método deve ser consistente para todo o ano-calendário, um estudo é necessário a fim de analisar qual das formas irá proporcionar maior aproveitamento dos créditos, e se é possível sua adoção, tendo em vista a exigência da apuração dos custos ser integrada com a contabilidade.

O crédito relativo à despesa de depreciação de bens registrados no ativo imobilizado poderá, a critério do contribuinte e em detrimento da depreciação registrada na contabilidade, ser calculado:

a) no prazo de quatro anos, no caso de máquinas e equipamentos destinados ao ativo imobilizado e adquiridos a partir de 1º de maio de 2004;
b) no prazo de dois anos, no caso de máquinas, aparelhos, instrumentos e equipamentos novos, relacionados nos decretos nº 4.955/2004 e nº 5.173/2004, adquiridos a partir

de 1º de outubro de 2004, destinados ao ativo imobilizado e empregados em processo industrial;

c) no prazo de 12 meses, na hipótese de aquisição de máquinas e equipamentos novos destinados à produção de bens e serviços, desde que adquiridos ou recebidos a partir do mês de maio de 2008.[197]

Assim como não há impedimento de o crédito das contribuições ser apurado sobre o valor da depreciação que seja acelerada pela utilização dos bens por mais de um turno, é vedado o crédito da depreciação acelerada incentivada.[198]

A pessoa jurídica que passar a ser tributada com base no lucro real e sujeitar-se à incidência não cumulativa da Cofins e do PIS terá direito ao aproveitamento do crédito presumido calculado sobre o estoque[199] de abertura, devidamente comprovado na data da mudança do regime de tributação do imposto de renda.

Além de existirem outras regras, convém mencionar o crédito presumido previsto para as empresas de serviço de transporte rodoviário de carga, correspondente a 75% da alíquota e calculado sobre os pagamentos efetuados à pessoa física (transportador autônomo), e à pessoa jurídica (transportadora enquadrada no Simples) subcontratadas na prestação desses serviços.

Enfim, semelhante aos impostos não cumulativos, é vedado o crédito relativo a bens adquiridos para revenda ou

---

[197] Lei nº 11.774/2008.

[198] IN SRF nº 457/2004, art. 1º, §3º.

[199] As empresas comerciais calcularão o crédito sobre o valor dos estoques de mercadorias adquiridas, para revenda, de pessoas jurídicas residentes no Brasil. As empresas industriais poderão calcular o crédito sobre os estoques de produtos acabados e em elaboração, e de bens utilizados como insumo na produção de bens destinados à venda. As empresas prestadoras de serviços poderão calcular o crédito sobre estoque de bens e serviços utilizados como insumo na prestação de serviços.

utilizados como insumos na prestação de serviços e na produção ou fabricação de bens ou produtos destinados à venda que tenham sido furtados ou roubados, inutilizados ou deteriorados e destruídos em sinistro.

Ressaltamos, mais uma vez, que o regime tributário de transição (RTT) passou a ser obrigatório para as pessoas jurídicas tributadas pelo IRPJ e pela CSLL com base no lucro real, presumido ou arbitrado, bem como para as apurações do PIS e da Cofins.[200]

Aplica-se o RTT aos novos critérios contábeis dispostos em regulamentação expedida pela CVM e pelo CFC que visem alinhar as demonstrações financeiras aos padrões internacionais de contabilidade, nos termos das leis nº 11.638/2007 e nº 11.941/2009.

Considerações finais

Demonstramos, no início deste capítulo, que praticamente toda a carga tributária incidente sobre o faturamento é repassada pelos empresários aos denominados "contribuintes de fato" (consumidores finais), em razão da sistemática de apuração e recolhimento desses tributos.

Apesar disso, nossos empresários tentam reduzir ao máximo a elevada carga tributária no exercício da gestão empresarial, porque é relevante ganhar competitividade no mercado mediante a redução dos custos obtida normalmente pelo aproveitamento de créditos fiscais, o que se consegue pela utilização de um regime tributário adequado ao seu negócio, sem que isso coloque em risco a empresa, pois muitos são os caminhos lícitos para se economizar tributos.

200 Mais informações a respeito do RTT no capítulo 2 deste livro.

Antes de desenvolver qualquer estratégia com o intuito de reduzir essa carga tributária, é imprescindível manter uma eficaz gestão dos tributos, começando por conhecer todos os aspectos inerentes à apuração, ao controle e ao respectivo recolhimento, cumprindo adequadamente as obrigações tributárias acessórias e computando de maneira correta os tributos nos preços de venda.

Enfim, seja pela existência de lacunas na legislação ou pela indução à escolha de um regime tributário mais benéfico àquela sociedade, a otimização no planejamento tributário quase sempre será possível por meio da reformulação das práticas negociais e/ou mediante as reorganizações societárias, operações que permitem a concentração e segregação do patrimônio de uma sociedade.

4

As reorganizações empresariais e o planejamento tributário

Neste capítulo, pretendemos proporcionar um entendimento dos aspectos societários e tributários relacionados com os processos de reorganização empresarial, estruturando-o de forma que seja possível compreender que muitas são as alternativas de se viabilizar — do ponto de vista negocial e legal — tais processos de reorganização. Entretanto, para que essas alternativas sejam implementadas, é preciso que estejam em sintonia fina com os seus motivadores, considerando as figuras legais e societárias disponíveis em nosso mundo jurídico, bem como as implicações tributárias a elas associadas, de modo que a alternativa escolhida seja a menos onerosa possível.

Assim, abordaremos os motivadores econômico-estratégicos, regulatórios, societários e tributários — normalmente presentes nos projetos de reorganização empresarial —, algumas das alternativas legais e societárias utilizadas, em especial a fusão, a incorporação e a cisão, bem como as principais disposições fiscais que precisam ser observadas nesses eventos, de modo que as oportunidades de minimização lícita do ônus tributário possam ser identificadas.

Também comentaremos a respeito da responsabilidade tributária dos sucessores e suas variáveis, intrinsecamente relacionadas com a natureza societária do evento ocorrido, bem como a consequente necessidade de se proceder à investigação prévia (*due diligence*) das empresas-alvo dessas reorganizações, para que principalmente os passivos tributários sejam identificados e mensurados.

Motivadores dos processos de reorganização empresarial

Sem pretender esgotar o tema, passamos a falar sobre o que motiva as pessoas físicas e jurídicas a promover e participar de processos de reorganização empresarial. Os motivadores que citamos são meramente exemplificativos, fruto de observações, estudos e experiências que temos tido nas áreas jurídica, tributária, contábil e societária, tanto na vida profissional quanto na acadêmica.

Motivadores econômico-estratégicos e regulatórios

Entre os motivadores econômico-estratégicos que levam as empresas a implementar processos de reorganização empresarial, destacamos os relacionados à economia de escala, à concentração de poder de mercado, à redução de capacidade ociosa, ou mesmo a uma imposição legal-regulatória. Vários motivadores podem estar presentes nesses processos, ainda que com pesos diversos.

A economia de escala tem sido o motivo mais alegado para se justificar, principalmente, reorganizações entre grandes empresas. Economias de escala são atingidas por meio da diluição de custos fixos, estejam eles relacionados aos ativos (operacionais ou não operacionais), ou à ociosidade de estoques, ou, ainda, aos canais de distribuição, entre outros.

Portanto, operações que almejem economia de escala devem ter bem-definidas a presença do custo fixo e a forma como ele será diluído.

Já a concentração de poder de mercado está quase sempre relacionada à capacidade de impor aos clientes um preço mais alto, ou aos fornecedores um preço mais baixo, do que aquele que seria possível em um mercado mais competitivo. Isso ocorre por meio de uma posição dominante em tamanho ou de um poder de monopólio sobre um determinado recurso, deixando a outra parte sem muitas alternativas — o que encontra grande resistência das autoridades reguladoras e de defesa da concorrência.

Por sua vez, a redução de capacidade ociosa é uma das principais razões para a ocorrência de reorganizações empresariais. A existência de capacidade ociosa incentiva os concorrentes a reduzirem preço, tentando aumentar sua ocupação de capacidade, com perdas inerentes a essa decisão. Quando duas ou mais empresas concorrentes deixam de atuar de forma concorrencial e passam a agir de maneira cooperada, passam a perseguir, coordenadamente, a eficiência operacional.

Quanto à imposição legal-regulatória, trata-se de reorganização empresarial motivada pela lei e, normalmente, está relacionada a atividades empresariais que estão sob concessão ou permissão do Estado, como energia, petróleo, telecomunicação, transporte, atividades de instituições financeiras e assemelhadas — sujeitas às determinações de entidades reguladoras.

Motivadores societários

Os motivadores societários normalmente estão relacionados à forma de remuneração dos sócios, ao desenvolvimento de novos negócios, ao reinvestimento em negócios existentes e à não pulverização de participações societárias.

Quando o assunto está ligado à remuneração dos sócios, o que buscamos é uma estrutura de participações societárias que permita mais flexibilidade do fluxo financeiro em direção àqueles, via distribuição de dividendos, pagamento de juros sobre o capital próprio, entre outros. Por vezes deparamo-nos com estruturas societárias com participações indiretas e cruzadas, verdadeiros "circuitos integrados de computador", onde investidas declaram dividendos que não chegam aos sócios por existirem empresas deficitárias no meio do caminho.

Quando o motivador é o desenvolvimento de negócios, o que pretendemos é a simplificação da estrutura societária, para que se torne mais adequada para fins de celebração de novos empreendimentos ou de reinvestimento nos existentes. Assim evitamos ou eliminamos o excesso de participações cruzadas, situação comumente encontrada em grupos empresariais em formação, nos quais empresas capitalizadas investem, ao longo do tempo, subscrevendo capital — com dinheiro ou bens — nos novos negócios do grupo, de forma desordenada do ponto de vista societário e financeiro.

Já quando o motivador é a não pulverização das participações societárias, a intenção é organizar ou reorganizar o grupo empresarial, muitas vezes via criação de empresas de participação (*holding*),[201] com o objetivo de separar e proteger a gestão do negócio das questões pessoais ou familiares, evitando-se que afetem seu perfeito funcionamento. Tais estruturas também têm

[201] Do idioma inglês, deriva-se do verbo *to hold* (segurar, manter, controlar, guardar). Sociedade *holding*, portanto, é aquela que participa do capital social de outras sociedades em níveis suficientes para controlá-las. É dita "pura" quando, em seu objeto social, consta somente a participação no capital social de outras sociedades; e "mista" quando, adicionalmente, exerce a exploração de alguma atividade empresarial. Há outras classificações, tais como: *holding* administrativa, *holding* de controle, *holding* de participação e *holding* familiar. A última é muito conhecida por apresentar grande utilidade na concentração patrimonial e facilitar a sucessão hereditária e a administração dos bens, garantindo a continuidade sucessória.

a finalidade de facilitar e viabilizar a solução de questões de natureza sucessória, uma vez que tais assuntos estarão concentrados e serão discutidos e resolvidos em uma única empresa (no caso, a *holding*), e não nas operacionais.

A *holding off-shore*[202] tem sido muito utilizada para fins de proteção patrimonial, aquisição e venda de ativos, aplicações financeiras etc., além de permitir a transmissão de propriedade e de heranças, sem incidência tributária (a exemplo de ITBI, ITCMD, IRPJ e CSLL), a depender de onde esteja localizada. Nesse contexto, devemos levar em consideração, entre outros fatores, os seguintes: estabilidade econômica e política, isenções fiscais ou tributação reduzida sobre os rendimentos, sigilo bancário e fiscal e liberdade de câmbio do local onde foi constituída.

Motivadores tributários

Inicialmente, ressaltamos que a análise dos aspectos tributários deve ser previamente considerada em uma reorganização empresarial, independentemente de quais sejam as suas maiores motivações, para que haja a otimização de seu custo tributário. Logo, é fundamental que os motivadores econômico-estratégicos, regulatórios e societários — ou seja, aqueles de natureza negocial (*business purpose*) —[203] sejam sempre analisados *vis-à-vis* às vantagens e desvantagens tributárias associadas, de modo que seja identificada a melhor estrutura societário-tributária que venha ao encontro dos objetivos empresariais.

[202] Empresa constituída (e que opera) fora das fronteiras territoriais brasileiras.

[203] Estamos tratando de um importante diferencial na fixação da licitude ou não do planejamento tributário. Quanto mais o negócio jurídico entabulado demonstrar ganhos de natureza negocial (*business purpose*), mais defensável será o planejamento tributário, conforme comentamos no capítulo 1 deste livro.

Algumas reorganizações empresariais procuram, basicamente, as vantagens no âmbito tributário, entre as quais poderia ser citada aquela cujo objetivo é transformar o ágio pago na aquisição de participações societárias em despesa dedutível, quando amortizadas contabilmente, para fins de redução dos valores a pagar a título de IRPJ e de CSLL. Este, aliás, foi um mecanismo muito utilizado, como forma de os investidores, adquirentes de controle acionário em processos de privatização de empresas públicas brasileiras, recuperarem parte do custo de aquisição do investimento, já que cerca de 34% (alíquota combinada do IRPJ e da CSLL) do valor do ágio pago pode ser recuperado na forma de redução da carga tributária da companhia privatizada.[204]

O ICMS e o IPI também podem ser objeto de planejamento tributário em decorrência de reorganizações empresariais. Há casos, por exemplo, em que determinadas pessoas jurídicas acumulam créditos de ICMS e/ou IPI que não são normalmente aproveitados em bases correntes, em função de aspectos peculiares das próprias atividades. Logo, faria sentido que uma outra atividade geradora de saldos a pagar de ICMS e/ou de IPI fosse exercida sob a mesma personalidade jurídica, propiciando assim um melhor aproveitamento dos créditos excedentes.[205]

Outro exemplo está relacionado à incidência "em cascata" do PIS e da Cofins na venda de produtos entre empresas complementares,[206] pertencentes ao mesmo grupo econômico, que poderiam ser evitadas na hipótese de sobrevivência de apenas

[204] A dedutibilidade do ágio e a tributação do deságio nos processos de fusão, incorporação e cisão são abordados mais adiante neste capítulo.

[205] A não cumulatividade do ICMS e do IPI (confronto de créditos e débitos) é abordada nos capítulos 1 e 3, respectivamente.

[206] São consideradas empresas complementares aquelas cujos produtos acabados são matérias-primas para as empresas seguintes da cadeia produtiva, muito comuns, por exemplo, em polos químicos e petroquímicos.

uma das empresas, sendo as demais extintas (por incorporação) e suas unidades produtivas transformadas em filiais da empresa sobrevivente. As operações de compra e venda cederiam lugar às de transferência, estas não tributadas.

Exemplos de motivadores tributários no Brasil – casos reais

Passamos a citar dois casos reais, e de domínio público, de justificativas apresentadas por alguns grupos empresariais brasileiros, constantes dos respectivos fatos relevantes publicados, nos quais houve expressa menção ao motivador tributário, embora possamos notar a presença de mais de um motivador para a mesma operação. Vejamos.

A Bahia Sul Celulose S.A. e a Companhia Suzano de Papel e Celulose apresentam os seguintes motivos, entre outros:[207] a simplificação da estrutura societária, inclusive no que tange à concentração em um único veículo de mercado de capitais; a redução de custos societários e a captura de sinergias operacionais; e a manutenção e o aproveitamento de créditos e benefícios fiscais, entre eles o aproveitamento do ágio pago quando da aquisição de ações de emissão da primeira pela segunda, no valor aproximado de R$ 320 milhões, sendo o benefício fiscal auferido, em decorrência da amortização contábil do referido ágio, de valor aproximado a R$ 109 milhões.

A Telesp Celular Participações S.A. e a Tele Centro Oeste Celular Participações S.A. apresentaram, como finalidade da reorganização societária,[208] o aproveitamento do benefício fiscal de cerca de R$ 511 milhões pela amortização do ágio pago

---

[207] Fato relevante de 3 jun. 2004. Disponível em: <www.suzano.com.br>. Acesso em: 12 jun. 2004.

[208] Fato relevante de 14 maio 2004. Disponível em: <www.vivo.com.br/ri>. Acesso em: 12 jun. 2004.

quando da aquisição, pela primeira, de ações de emissão da segunda, no valor aproximado de R$ 1,5 bilhão. As empresas entendem que a reorganização criará valor, já que permitirá a melhoria de condições de capitalização, bem como do fluxo de caixa resultante do benefício fiscal gerado pela amortização do ágio.

Aspectos societários

Já comentamos que muitas são as alternativas de se viabilizar, societariamente, processos de reorganização empresarial, tanto entre empresas pertencentes ao mesmo grupo econômico como a grupos distintos, a exemplo de:

- abertura de empresa nova e dissolução de empresa existente;
- compra e venda de participações societárias, de ativos, de estabelecimentos, de fundo de comércio;
- subscrição (aumento) e redução de capital social;
- transformação, fusão, incorporação e cisão;
- incorporação de ações;
- participação em grupo de sociedades;
- consórcio.

Nossa ênfase será maior às alternativas relacionadas aos eventos de fusão, incorporação e cisão.

Fusão, incorporação e cisão: definições

Os eventos de fusão, incorporação e cisão constituem um processo de sucessão, quando uma pessoa jurídica transfere para outra um conjunto de direitos e obrigações de modo que, sem que haja solução de continuidade, uma pessoa jurídica prossiga uma atividade até então exercida por outra.

A fusão é a operação pela qual se unem duas ou mais sociedades (fusionadas ou fundidas) para formar sociedade nova, que lhes sucederá em todos os direitos e obrigações.[209] As fusionadas se extinguem, surgindo, em substituição, uma nova pessoa jurídica, que se torna a titular dos acervos líquidos pertencentes às pessoas jurídicas que se fundiram. Observamos, na figura 8, que Alfa, Beta e Delta (fusionadas) são extintas e surge a Gama, sucessora universal de todos os direitos e obrigações das fusionadas, já que todos os seus ativos e passivos são transferidos para Gama.

Figura 8
FUSÃO

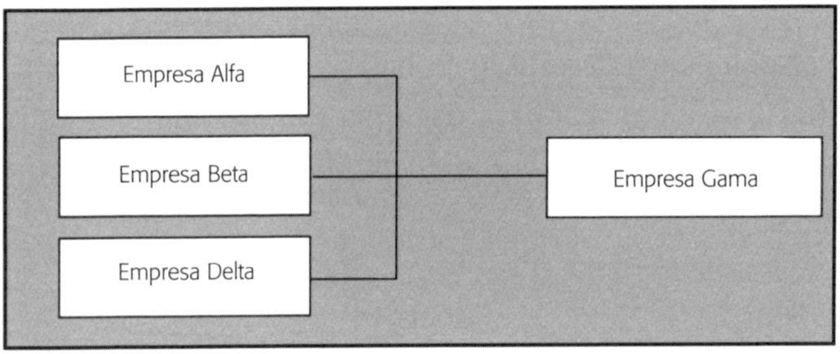

Imaginemos que os balanços[210] de Alfa, Beta e Delta sejam conforme demonstrado na tabela 13.

---

[209] Lei das Sociedades Anônimas, art. 228; NCC, art. 1.119.

[210] A nova redação dada pela Lei nº 11.941/2009 ao art. 178 da Lei nº 6.404/1976 estabelece as seguintes classificações do ativo e do passivo: (a) ativo circulante; (b) ativo não circulante, composto por ativo realizável em longo prazo, investimentos, imobilizado e intangível; (c) passivo circulante; e, (d) passivo não circulante. Entretanto, neste capítulo optamos por manter a classificação prevista na legislação fiscal (que ainda adota as regras contábeis vigentes em 31 de dezembro de 2007), fazendo referência (correlação) à nova classificação contábil.

Tabela 13

Balanços das empresas Alfa, Beta e Delta

Ativo	Alfa	Beta	Delta
Circulante	250.000,00	80.000,00	160.000,00
Realizável a longo prazo	5.000,00	1.000,00	10.000,00
Permanente	130.000,00	5.000,00	65.000,00
Totais	**385.000,00**	**86.000,00**	**235.000,00**
Passivo + PL			
Circulante	220.000,00	15.000,00	75.000,00
Exigível a longo prazo	45.000,00	8.000,00	75.000,00
Patrimônio líquido	120.000,00	63.000,00	85.000,00
Totais	**385.000,00**	**86.000,00**	**235.000,00**

Após ocorrida a fusão, o balanço da empresa resultante da fusão (Gama) resultará da soma dos patrimônios (ativos, passivos e patrimônios líquidos) de Alfa, Beta e Delta, conforme a tabela 14.

Tabela 14

Balanço da empresa Gama

Ativo	
Circulante (250.000,00 + 80.000,00 + 160.000,00)	490.000,00
Realizável a longo prazo (5.000,00 + 1.000,00 + 10.000,00)	16.000,00
Permanente (130.000,00 + 5.000,00 + 65.000,00)	200.000,00
Total	**706.000,00**
Passivo + PL	
Circulante (220.000,00 + 15.000,00 + 75.000,00)	310.000,00
Exigível a longo prazo (45.000,00 + 8.000,00 + 75.000,00)	128.000,00
Patrimônio líquido (120.000,00 + 63.000,00 + 85.000,00)	268.000,00
Total	**706.000,00**

A incorporação é a operação pela qual uma ou mais sociedades são absorvidas por outra, que lhes sucede em todos os direitos e obrigações.[211] Ou seja, uma pessoa jurídica (incorporadora) absorve o patrimônio de uma ou mais pessoas jurídicas (incorporadas), que se extinguirão no processo. Na figura 9 Alfa sobrevive, por ser a incorporadora de Beta e Delta (incorporadas), cujos ativos e passivos são transferidos para Alfa.

Figura 9
Alfa sobrevive à incorporação

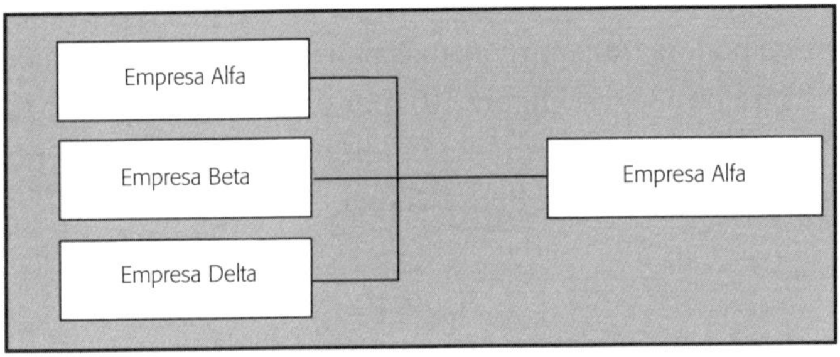

Se utilizarmos os dados do exemplo da fusão, o balanço de Alfa será idêntico ao balanço da empresa resultante da fusão (Gama), tendo em vista que será a soma dos balanços (ativos e passivos) de Beta, de Delta e do seu próprio patrimônio.

Na fusão será necessário proceder a todo o processo de criação de uma pessoa jurídica nova, que inclui, por exemplo, a obtenção de CNPJ, inscrições estadual e municipal, além de alvarás de localização. Na incorporação, boa parte desses procedimentos já estará cumprida. Igualmente existe uma forte motivação de natureza tributária, uma vez que a legislação do IRPJ e da CSLL permite, por exemplo, um melhor aproveitamento de prejuízos fiscais e da base negativa na hipótese de

[211] Lei das Sociedades Anônimas, art. 227; NCC, art. 1.116.

incorporação, prevalecendo a perda total dessas figuras fiscais na fusão.[212] Essas distinções — burocráticas e tributárias — entre a incorporação e a fusão explicam o motivo da intensa utilização da incorporação, enquanto são raros os casos de fusão.

A cisão é a operação pela qual a companhia cindida transfere parcelas do seu patrimônio para uma ou mais sociedades, constituídas para esse fim ou já existentes, extinguindo-se (se houver versão de todo o seu patrimônio), ou dividindo-se o seu capital (se parcial a versão).[213] A cisão é igualmente um processo de sucessão, mas um tanto quanto mais complexo, por não implicar, necessariamente, a extinção da cindida (sucedida), já que esta poderá transmitir apenas parcialmente seu patrimônio. No diagrama a seguir (figura 10), por ter havido uma cisão total, Alfa é extinta, e o patrimônio cindido dá origem a duas novas empresas, quais sejam, Beta e Gama.

Figura 10

CISÃO DE ALFA EM BETA E GAMA

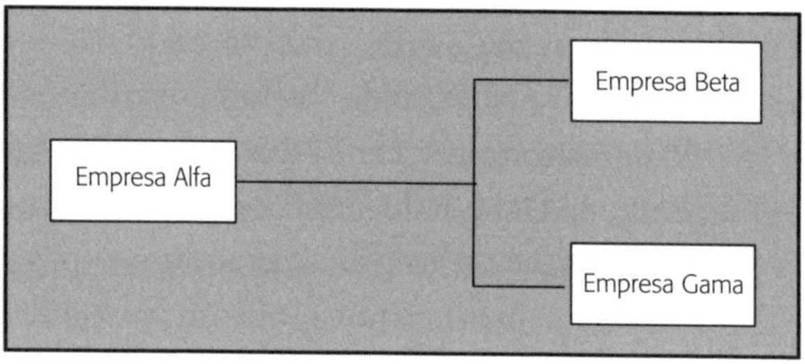

Já a figura 11 revela que a cisão foi parcial. Por isso, Alfa não foi extinta e a parcela do seu patrimônio que foi cindido dá origem a duas novas empresas: Beta e Gama.

[212] A vedação de utilização dos prejuízos fiscais e da base negativa na fusão, incorporação e cisão é abordada adiante, neste capítulo.

[213] Lei das Sociedades Anônimas, art. 229.

Figura 11

CISÃO PARCIAL DE ALFA

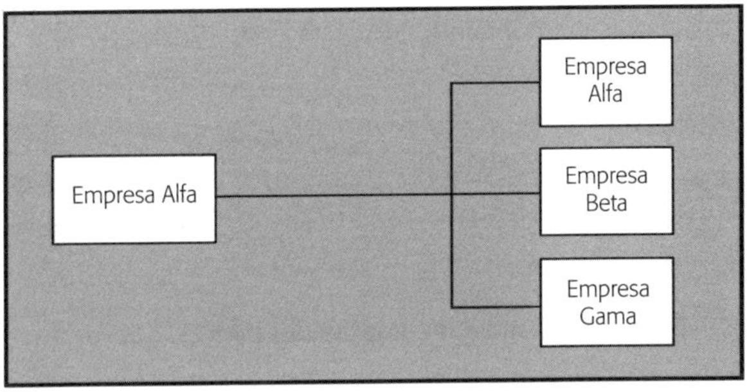

Logo, a cisão poderá constituir um processo de sucessão universal ou parcial, dependendo de a cindida verter a totalidade ou não de seu patrimônio líquido. A cisão parcial poderá estipular que as sociedades que absorverem parcelas do patrimônio da cindida serão responsáveis, apenas, pelas obrigações que lhes forem transferidas, sem solidariedade entre si ou com a companhia cindida, mas, nesse caso, qualquer credor anterior poderá se opor à estipulação, em relação ao seu crédito, desde que notifique a sociedade no prazo de 90 dias a contar da data da publicação dos atos da cisão.[214]

Utilizemos os dados do exemplo da fusão e consideremos que, após um ano em operação, os sócios de Gama (resultante da fusão) decidiram realizar uma cisão parcial daquela empresa, fazendo surgir a empresa Zeta, com as seguintes parcelas cindidas, conforme a tabela 15.

[214] Lei das Sociedades Anônimas, art. 233.

Tabela 15

PARCELAS CINDIDAS DE GAMA EM ZETA

Ativos de Gama cindidos e transferidos para Zeta	
Circulante	80.000,00
Realizável a longo prazo	15.000,00
Permanente	135.000,00
Total	**230.000,00**
Passivos + PL de Gama cindidos e transferidos para Zeta	
Circulante	75.000,00
Exigível a longo prazo	8.000,00
Patrimônio líquido	147.000,00
Total	**230.000,00**

Os balanços de Gama e Zeta, após a cisão parcial, serão os apresentados na tabela 16.

Tabela 16

BALANÇOS DE GAMA E ZETA APÓS CISÃO

Ativo	**Gama**	**Zeta**
Circulante	410.000,00	80.000,00
Realizável a longo prazo	1.000,00	15.000,00
Permanente	65.000,00	135.000,00
Totais	**476.000,00**	**230.000,00**
Passivo + PL		
Circulante	235.000,00	75.000,00
Exigível a longo prazo	120.000,00	8.000,00
Patrimônio líquido	121.000,00	147.000,00
Totais	**476.000,00**	**230.000,00**

O NCC não define o evento da cisão; muito menos entra no mérito da responsabilidade pelas obrigações transferidas ou da solidariedade entre as empresas. Entretanto, faz menção a esse tipo de evento quando trata do direito dos credores que se sentirem prejudicados ao dispor que, até 90 dias depois de publicados os atos relativos à incorporação, fusão ou cisão, o credor anterior, por elas prejudicado, poderá promover judicialmente sua anulação.[215] Todavia, a responsabilidade tributária na cisão não nos parece ser objeto desse tipo de pactuação entre as partes.

Passemos, então, aos tipos societários que podem fazer parte de eventos de fusão, incorporação e cisão.

Tipos societários

No NCC, a fusão, a incorporação e a cisão estão inseridas no contexto das sociedades personificadas (simples, em nome coletivo, em comandita simples, limitada, anônima, em comandita por ações e cooperativa), ou seja, aquelas que possuem personalidade jurídica. Tais eventos societários podem ocorrer entre sociedades de tipos iguais ou diferentes, e deverão ser deliberadas na forma prevista para a alteração dos respectivos estatutos ou contratos sociais.[216]

No caso específico das anônimas, a única exigência da Lei das Sociedades Anônimas é que, se a incorporação, fusão ou cisão envolver companhia aberta, as sociedades que a sucederem serão também abertas. Equiparam-se às companhias abertas as sociedades beneficiárias de recursos oriundos de incentivos fiscais registradas na CVM e as demais sociedades cujas ações

[215] NCC, art. 1.122.

[216] NCC, art. 985 e arts. 997 a 1.141.

sejam admitidas à negociação nas entidades do mercado de balcão organizado.[217]

As sociedades anônimas são regidas por lei especial, aplicando-se-lhes, nos casos omissos, as disposições do NCC. As sociedades em conta de participação não podem ser objeto de tais eventos societários, já que o seu contrato social produz efeito somente entre os sócios, e a eventual inscrição de seu instrumento em qualquer registro não lhes confere personalidade jurídica.[218]

No tópico a seguir comentamos os efeitos provocados, no capital social da sucessora, nos processos de fusão, incorporação e cisão.

Aumento do capital social da sucessora

As incorporações, fusões e cisões implicam, em regra, que a sucessora proceda aumento de capital em contrapartida ao acervo líquido recebido. Os sócios ou acionistas da fundida (ou fusionada), incorporada ou cindida terão suas cotas ou ações representativas de sua participação na sociedade total ou parcialmente dissolvidas, canceladas ou extintas, recebendo, em substituição, ações ou cotas da sucessora. A quantidade de cotas ou ações a serem recebidas deverá obedecer a uma relação de troca, de forma a que o percentual de cada cotista ou acionista na sucessora guarde proporção com o acervo líquido transferido, evitando que um sócio ou acionista seja beneficiado em detrimento de outro.

Tendo em vista que tais eventos societários, em geral, implicam um aumento de capital social da sucessora, torna-se

---

[217] Lei das Sociedades Anônimas, art. 223; Instrução CVM nº 319/1999, art 1º.
[218] Lei das Sociedades Anônimas; NCC, arts. 993 e 1.089.

inevitável que se avalie o patrimônio líquido recebido a título de integralização de capital. Essa avaliação tem a finalidade precípua de assegurar que o capital social seja realista, garantindo assim os credores, principalmente nas sociedades em que a responsabilidade de todos os sócios ou acionistas é limitada.

O NCC, embora prevendo a necessidade de nomeação de peritos para fins de avaliação do acervo líquido, não entra em detalhes acerca da emissão do respectivo laudo. Já a Lei das Sociedades Anônimas determina que a avaliação dos bens deverá ser feita por três peritos ou por empresa especializada. O laudo deverá ser fundamentado, indicando os critérios de avaliação e os elementos de comparação adotados, bem como deverá ser instruído com os documentos relativos aos bens avaliados. As autoridades fiscais já se manifestaram a esse respeito afirmando que a avaliação deverá ser promovida com obediência às normas do art. 8° da Lei das Sociedades Anônimas.[219]

A partir daqui, comentamos a respeito do conjunto de atos societários necessários à implementação de reorganizações societárias envolvendo fusões, incorporações e cisões.

Atos societários

A legislação societária exige um conjunto de atos (documentos) para instruir e suportar os eventos de fusão, incorporação e cisão. O NCC não chega a enumerá-los de maneira exaustiva. Já a Lei das Sociedades Anônimas é mais detalhista. De qualquer modo, sabemos que são necessários e usuais os seguintes documentos: protocolo, justificação, laudo de ava-

[219] NCC, arts. 1.117 e 1.120; Lei das Sociedades Anônimas, art. 8º; PN CST nº 51/1979, item 6.2. A Instrução CVM nº 319/1999, em seu art. 11, veda a adoção do critério de cotação de bolsa das ações, salvo se estas integrarem índices gerais representativos de carteira de ações admitidos à negociação em bolsas de futuros.

liação, ata de assembleia ou de reunião de cotistas e alterações contratuais deliberando sobre o evento societário.

O protocolo deve conter e definir todas as condições referentes ao processo de reorganização. Trata-se de uma proposta firmada pelos órgãos de administração das sociedades que integrarão o processo de fusão, incorporação ou cisão, devendo ser, posteriormente, objeto de deliberação pelos seus acionistas ou sócios.[220]

Um importante passo a ser cumprido nos processos de fusão, incorporação e cisão é a avaliação do patrimônio, tanto para fins de recepção do acervo líquido fusionado, incorporado ou cindido, quanto para fins de relação de troca de participações societárias. Neste último caso, o que se pretende é que o protocolo defina quantas ações ou cotas receberá o acionista ou cotista da sociedade resultante do evento societário para cada ação ou cota possuída na sociedade extinta.

O critério de avaliação do acervo líquido para fins de definição da relação de troca não tem que ser, necessariamente, o mesmo adotado para fins de sua incorporação ao capital da sociedade sucessora. Pode-se adotar, por exemplo, o valor econômico (o fluxo de caixa descontado é o mais utilizado) para fins de relação de troca, e o contábil para fins de recepção do acervo líquido pela sucessora. Nesta última hipótese, a principal razão não é societária, e sim tributária, como explicaremos adiante.

A Lei das Sociedades Anônimas prevê a possibilidade de uma terceira avaliação — denominada avaliação do patrimônio líquido a preços de mercado — nos casos de incorporação de controlada ou de controladora e de fusão de controlada com a controladora. Na hipótese de essa avaliação se configurar mais

[220] Lei das Sociedades Anônimas, art. 224.

vantajosa do que a relação de substituição prevista no protocolo, os acionistas dissidentes, quando têm o direito de recesso, poderão exercê-lo com base no valor patrimonial a preços de mercado, ou com base no valor patrimonial líquido contábil — o que lhes for mais vantajoso. Já o NCC garante o direito de recesso pelo valor patrimonial, salvo outra disposição constante do instrumento contratual.[221]

É igualmente importante que o protocolo defina a data da referida avaliação (data-base de avaliação). Obviamente, é impossível que os avaliadores consigam tempo hábil para proceder à avaliação em data coincidente com a data de deliberação (data-base do evento societário) sobre a reorganização, já que a avaliação normalmente requer alguns dias de trabalho. O fato é que a legislação societária silencia quanto à matéria, deixando tal definição à consideração dos órgãos de administração das sociedades.

A data em que a fusão, incorporação ou cisão é considerada legalmente contratada é aquela em que os sócios ou acionistas deliberaram sobre o tema (data-base do evento societário). Entretanto, na prática, considera-se que o acervo líquido fundido (ou fusionado), incorporado ou cindido passou a integrar o patrimônio da sucessora desde a data-base de avaliação. É como se a deliberação tivesse efeito retroativo, referindo-se à data-base de avaliação. Do ponto de vista societário, a questão somente é relevante nas hipóteses de cisão: como estará havendo uma divisão de patrimônio, torna-se necessário definir a quem atribuir as variações patrimoniais ocorridas entre a data-base de avaliação e a data-base do evento societário.

É elemento integrante do conjunto de atos societários a justificação, que deverá expor, basicamente, os motivos ou fins da

[221] Lei das Sociedades Anônimas, art. 264; NCC, art. 1.077.

operação e o interesse da sociedade em sua realização. Para que os acionistas ou sócios possam deliberar de forma mais efetiva sobre a operação, faz-se necessário que tenham uma compreensão clara dos objetivos da sua implementação, quais serão as vantagens econômicas, estratégicas, mercadológicas, operacionais, societárias ou tributárias que advirão da operação. As motivações poderão ser as mais variadas, conforme já comentamos.

Finalizamos os comentários a respeito de aspectos societários com algumas observações adicionais envolvendo o arquivamento dos atos societários, as providências anteriores e posteriores à aprovação e conclusão da operação, bem como o direito de retirada de acionistas e de credores.

Comentários adicionais sobre aspectos societários e regulatórios

As operações de fusão, incorporação e cisão somente poderão ser consideradas como aprovadas e concluídas — do ponto de vista legal — após a deliberação, em AGE ou reunião de cotistas, pelos acionistas ou sócios das respectivas sociedades e o arquivamento dos atos societários na Junta Comercial. Em relação ao ritual burocrático de arquivamento, recomendamos a leitura das instruções normativas nº 88/2001 e nº 89/2001 do DNRC.

Embora o propósito maior deste capítulo seja abordar os aspectos tributários envolvidos nos processos de fusão, incorporação e cisão, lembramos que algumas providências anteriores e posteriores à aprovação e conclusão da operação podem ser impositivas — além daquelas previstas na Lei das Sociedades Anônimas e no NCC, a exemplo de:[222]

[222] Lei das Sociedades Anônimas, arts. 157 e 231; instruções CVM nº 319/1999, nº 320/1999, nº 349/1999, nº 358/2002, nº 369/2002; leis nº 8.137/1990 e nº 8.884/1994; resoluções Cade nº 15/1998 e nº 18/1998; circulares Bacen nº 3.017/2000 e nº 3.260/2004.

- obtenção de anuências prévias de debenturistas;
- comunicação prévia à CVM, à bolsa de valores ou às entidades do mercado de balcão organizado nas quais os valores mobiliários de emissão da companhia estejam admitidos à negociação;
- divulgação na imprensa, mediante publicação nos jornais utilizados habitualmente pela companhia, informando, inclusive, se a operação foi ou será submetida à aprovação das autoridades reguladoras ou de defesa das concorrências brasileira e estrangeira.

Deve-se atentar para o fato de que as operações de fusão, incorporação e cisão poderão proporcionar, aos acionistas ou cotistas descontentes, o direito de retirada.[223] Já os credores que se sentirem prejudicados poderão pleitear judicialmente a anulação da operação.[224]

Vistos e comentados os aspectos societários, passemos então aos principais aspectos tributários relacionados aos eventos de fusão, incorporação e cisão.

Aspectos tributários

Neste tópico, comentaremos as implicações tributárias (positivas ou negativas) relacionadas às alternativas societárias utilizadas na implementação de processos de reorganização empresarial, dando ênfase aos eventos de fusão, incorporação e cisão.

Responsabilidade tributária dos sucessores

Um aspecto que merece especial atenção nas reorganizações empresariais é a responsabilidade tributária dos sucessores.

---

[223] Lei das Sociedades Anônimas, arts. 45, 137 e 264; NCC, arts. 1.031 e 1.077.
[224] Lei das Sociedades Anônimas, arts. 232 e 233; NCC, art. 1.122.

Preliminarmente, devemos dizer que a responsabilidade tributária do sucessor verifica-se não apenas em relação às dívidas fiscais anteriores à sucessão, mas também às dívidas fiscais que vierem a ser apuradas ou lançadas após a sucessão, bem como às constituídas posteriormente, desde que, evidentemente, tais créditos resultem de fatos geradores da obrigação tributária ocorridos em períodos anteriores à data da sucessão.[225]

O CTN dispõe que a pessoa jurídica de direito privado que resultar, entre outros atos, de fusão com ou incorporação a outra pessoa jurídica é responsável pelos tributos devidos até a data do ato, pelas pessoas de direito privado fusionadas ou incorporadas.[226] Não há referência à cisão porque esta só foi introduzida em nosso sistema jurídico pela Lei das Sociedades Anônimas, regulamentada, do ponto de vista tributário, pelo Decreto-Lei nº 1.598/1977, base maior do RIR/1999. A legislação tributária estadual e a previdenciária reproduzem os artigos do CTN (como o fez o RIR/1999) e, também, fazem menção à cisão (a municipal — tendo-se a de São Paulo como referência — não faz menção à cisão).

Estão entre os responsáveis na sucessão[227] a pessoa jurídica constituída pela fusão de outras, ou em decorrência de cisão de sociedade, e a pessoa jurídica que incorporar outra ou parcela do patrimônio de sociedade cindida. Respondem, solidariamente, por esses tributos devidos pela pessoa jurídica, entre outras, as sociedades que receberem parcelas do patrimônio da pessoa jurídica extinta por cisão (cisão total), bem como a sociedade cindida e a sociedade que absorver parcela do seu patrimônio, no caso de cisão parcial.

[225] CTN, art. 129, reproduzido no RIR/1999, art. 209.
[226] CTN, art. 132.
[227] RIR/1999, art. 207; RICMS/SP, art. 12, incisos III e IV; RISSQN/SP, art. 13, inciso I; IN RFB nº 971/2009, art. 496.

Diferentemente do que dispõe a Lei das Sociedades Anônimas, a legislação tributária e a previdenciária não mencionam a possibilidade de, no caso de cisão parcial, estipular-se que as sociedades que absorverem parcelas do patrimônio da cindida sejam responsáveis apenas pelas obrigações que lhes forem transferidas, sem solidariedade entre si ou com a cindida. O próprio CTN dispõe que as convenções particulares não são oponíveis à Fazenda pública.[228] Da mesma forma já decidiu o Superior Tribunal de Justiça.[229] Logo, do ponto de vista tributário a solidariedade continua a existir, independentemente de, do ponto de vista contratual e societário, poder estar previsto esse tipo de estipulação entre as partes.

Nas incorporações e fusões de pessoas jurídicas em que ao menos uma delas seja optante pelo Refis a parcela mensal do programa será calculada a partir do mês seguinte ao do evento, com base na receita bruta total da incorporadora ou da empresa resultante da fusão, que são as responsáveis tributárias pela sucessão.

A cisão de pessoa jurídica optante não a exclui do Refis, desde que, cumulativamente: (a) o débito consolidado seja atribuído integralmente a uma única pessoa jurídica; e (b) as pessoas jurídicas que absorverem o patrimônio cindido assumam entre si e, no caso de cisão parcial, com a cindida, a condição de responsáveis solidários pelo débito consolidado, independentemente da proporção do patrimônio vertido. A parcela mensal do programa será determinada com base no somatório das receitas brutas de todas as pessoas jurídicas que absorverem o patrimônio cindido. Na hipótese de cisão parcial,

[228] CTN, art. 123.

[229] STJ, REsp nº 683.397/RJ. Relator: ministro Castro Meira (T2). Publicação: *DJ* de 22-8-2005, p. 226.

também integrará o referido somatório a receita bruta da própria pessoa jurídica cindida.[230]

O CTN, apesar de consagrar a responsabilidade do sucessor nos casos específicos de aquisição de fundo de comércio ou de estabelecimento, só a admite, de forma integral, se o alienante cessar a exploração do comércio, indústria ou atividade, ou de modo subsidiário, em caso contrário. Exceção para as alienações judiciais em processos de recuperação judicial e falência,[231] em que não há a sucessão, quer seja solidária, quer seja subsidiária.[232]

Quanto aos impostos sobre os quais demanda o princípio da autonomia dos estabelecimentos (tais como IPI, ICMS e ISS), a responsabilidade pode implicar auto de infração do próprio estabelecimento. Como vimos, as legislações federal, estadual, municipal e previdenciária reproduzem o CTN em matéria de responsabilidade sucessória.[233] Entretanto, o ICMS (São Paulo, como referência), embora repetindo a redação do art. 133 do CTN, o fez prevendo apenas a solidariedade. Ou seja, não há a previsão de subsidiariedade, ainda que o alienante prossiga na exploração ou inicie, dentro de seis meses a contar da data da alienação, nova atividade no mesmo ou em outro ramo de comércio, indústria ou profissão.

Muito em função da responsabilidade tributária dos sucessores, o procedimento tributário de coleta de informações (*due diligence*) deve consistir em investigação e análise das práticas tributárias da empresa sob exame, para determinar o grau de realização de seus ativos, o grau de risco de seus passivos, bem como identificar a existência de outros passivos e ativos

---

[230] Resoluções do Comitê Gestor do Refis nº 12/2001 e nº 13/2001.
[231] Lei nº 11.101/2005 (Nova Lei de Recuperação de Empresas e Falências — LREF).
[232] Dada a sua relevância nos processos de reorganização empresarial, recomendamos a atenta leitura do art. 133 do CTN.
[233] RIR/1999, art. 208; RICMS/SP, art. 12, incisos I e II; RISSQN/SP, art. 13, inciso II; IN do INSS nº 3/2005, art. 751.

fiscais não reconhecidos. Provê-se, assim, a empresa que está demandando o *due diligence* dos elementos necessários a uma correta precificação, negociação e avaliação global da pretendida operação, inclusive para fins de estabelecimento de garantias no contrato que suportará a transação.

No tópico seguinte, falaremos sobre os efeitos tributários advindos dos critérios de avaliação do acervo líquido que poderão ser adotados nas fusões, incorporações e cisões.

Avaliação do acervo líquido

O processo de incorporação, fusão ou cisão implica, em regra, que a sucessora proceda a um aumento de capital, em contrapartida ao acervo líquido recebido. O critério de avaliação do acervo líquido para fins de definição da relação de troca não tem que ser, necessariamente, o mesmo adotado para fins de sua incorporação ao capital da sociedade sucessora. As autoridades fiscais também já manifestaram entendimento nesse sentido.[234]

Pode-se adotar, por exemplo, o valor econômico para fins de relação de troca, e o contábil para fins de recepção do acervo líquido pela sucessora. Neste último caso, a principal razão de sua utilização não é societária, e sim de planejamento tributário, tendo em vista que, na hipótese de o valor de mercado ser maior do que o contábil e o primeiro ser adotado para fins de suportar os lançamentos contábeis da operação, estaremos apurando um correspondente ganho de capital tributável na empresa incorporada, fusionada ou cindida.[235]

O protocolo define qual a data do balanço patrimonial a que será referida a avaliação (data-base de avaliação). A legislação

[234] PN CST nº 51/1979.

[235] PN CST nº 237/1970; IN SRF nº 390/2004, art. 100, §2º.

societária silencia quanto à matéria, deixando tal definição à prudente consideração da administração das sociedades. Entretanto, do ponto de vista tributário, as empresas fusionadas (ou fundidas), cindidas ou incorporadas são obrigadas a apurar o IRPJ e a CSLL na data-base do evento societário.[236] Logo, para fins fiscais, é necessário um balanço na data do evento.

Importantes figuras tributárias que podem estar presentes nos processos de fusão, incorporação e cisão são os prejuízos fiscais e a base de cálculo negativa da CSLL, assunto do próximo tópico.

Compensação de prejuízos fiscais e de base negativa de CSLL

Como vimos, há sucessão universal dos direitos e obrigações das fusionadas, incorporadas ou cindidas por parte das empresas que absorveram os correspondentes acervos líquidos. Entretanto, embora considerados verdadeiros ativos, os prejuízos fiscais e as bases negativas de cálculo da CSLL das empresas fusionadas, incorporadas ou cindidas — não utilizados pelas mesmas, até a data do respectivo evento societário — não poderão ser transferidos para as suas sucessoras, por existir expressa vedação legal nesse sentido.[237]

Na cisão parcial, a cindida poderá compensar os seus próprios prejuízos e base negativa com lucro real e base positiva do próprio período-base e de períodos-bases subsequentes, proporcionalmente à parcela remanescente do patrimônio líquido.

[236] Orientação constante no Majur da DIPJ, a partir do exercício social de 2000, ano-calendário de 1999; Decisão SRF nº 112/1999; IN SRF nº 15/1999 e nº 390/2004, art. 100, §1º.

[237] RIR/1999, art. 514; IN SRF nº 390/2004, art. 81.

Para ficar mais claro, esclarecemos que a não utilização, pela pessoa jurídica, das referidas figuras fiscais pode ter-se verificado por não ter a empresa apurado lucro tributável no período-base do evento societário, ou em razão de a empresa ter observado, em períodos de apuração anteriores ao evento societário, o limite máximo de utilização de tais figuras fiscais, correspondente a 30% do lucro líquido, depois de ajustado pelas adições e exclusões previstas e autorizadas pela legislação.[238]

Entretanto, o Conselho de Contribuintes, ao longo de anos, vinha entendendo ser legítima a compensação integral de prejuízos fiscais e base de cálculo da CSLL na última declaração de rendimentos da incorporada.[239] Exemplificando: no caso da Cibrafar Indústria de Produtos Farmacêuticos, na apuração das bases do IRPJ e CSLL à ocasião de sua incorporação pela Norquisa, *holding* da Copene (Braskem), os conselheiros decidiram que não fazia sentido persistir a limitação de 30%, haja vista que, em função da incorporação, a Cibrafar seria extinta e, portanto, não teria oportunidade futura de compensar os saldos de prejuízos fiscais e base negativa de CSLL apurados em exercícios anteriores.[240]

O entendimento foi ratificado pelo Conselho Superior de Recursos Fiscais (CSRF), o que criou, juntamente com as outras decisões já mencionadas, importante precedente para reduzir a tributação das operações de reorganização empresarial ao permitir compensação integral das bases apuradas na última

238 RIR/1999, art. 510; IN SRF nº 390/2004, art. 79, §1º.

239 Acórdãos do 1º Conselho/8ª Câmara: 108-06682 e 108-06683, de 20-9-2001; 108-126597, de 2-12-2002; 108-07456, de 2-7-2003; 1ª Câmara: 101-94515, de 17-3-2004; 101-122596, de 19-10-2004; 101-95872, de 9-11-2006; e 7ª Câmara: 107-09243, de 5-12-2007.

240 Acórdão nº 108-06682 do 1º Conselho/8ª Câmara, sessão de 20-9-2001, decisão/ementa de 28-2-2002.

declaração de rendimentos da pessoa jurídica que se pretende extinguir, seja via incorporação, fusão ou cisão total.[241]

Contudo, em uma surpreendente mudança de entendimento, em novembro de 2009 o CSRF decidiu que, mesmo nos casos de extinção de empresas, a denominada "trava" de 30% deveria ser obedecida, sob o argumento de que não existe base legal para a utilização integral do prejuízo fiscal e da base negativa de CSLL.[242]

O STF[243] e o STJ[244] entenderam, em recentes decisões (2010), que a compensação de prejuízos fiscais e de base negativa de CSLL configura benefício fiscal e que, assim sendo, não há algo de errado em instituir uma trava no mecanismo. Entretanto, os referidos tribunais ainda não analisaram a possibilidade de compensação integral pelas empresas extintas.

Em relação à incorporação, uma alternativa para que não haja perda de prejuízos fiscais e de base de cálculo negativa de CSLL é a empresa deficitária incorporar a empresa lucrativa (incorporação "às avessas"). A referida alternativa deve ser analisada caso a caso, pois as autoridades fiscais têm autuado as pessoas jurídicas que a implementam, principalmente quando as empresas que participam da operação não pertencem ao mesmo grupo econômico, ou a incorporadora (a que detém as referidas figuras fiscais) altera a sua razão social e passa a adotar a razão social da empresa que foi incorporada (a empresa lucrativa), ou a incorporadora não é uma empresa com atividade operacional.[245]

---

[241] Acórdão nº CSRF 01-04258, nos autos do Recurso nº 108-126597, sessão de 2-12-2002.

[242] Processo nº 13807.003133/2004-36, cujo acórdão ainda não foi publicado.

[243] RE nº 344.994/PR, de 25-3-2009; RE nº 545.308/SP, de 8-10-2009.

[244] AgRg no REsp nº 516.849/CE, de 3-4-2006; REsp nº 576.286/PE, de 7-12-2006; AgRg no Ag nº 878.259/SP (2007/0046073-9), de 24-10-2007; REsp nº 154175/CE, de 25-4-2000.

[245] O STJ manifestou o mesmo entendimento, ao proferir a sua decisão relativa ao REsp nº 946.707/RS (2007/0092656-4), de 25-8-2009.

O Conselho de Contribuintes entendeu ser legítima a "incorporação às avessas" efetuada pelo grupo empresarial ao qual pertence a empresa Martins Comércio de Distribuição S.A. O fisco interpretou que a incorporação foi simulada e abusiva. O conselho decidiu que a denominada "incorporação às avessas", não proibida pelo ordenamento, realizada entre empresas operativas e que sempre estiveram sob controle comum não pode ser tipificada como operação simulada ou abusiva, mormente quando, a par da inegável intenção de não perder prejuízos fiscais acumulados, teve por escopo a busca de melhor eficiência das operações praticadas entre ambas.[246]

O entendimento foi ratificado pelo CSRF, que levou em consideração dois fatos: o controle comum das duas empresas há 24 anos e suas atividades operacionais. Não se tratou, portanto, de empresa criada com o fim de incorporar outra, ou de operação feita com terceiros. Daí os conselheiros concluírem que a operação foi motivada "por legítimos desígnios de reorganização societária", ou seja, mesmo que a incorporação às avessas tivesse gerado redução de carga tributária, a operação teria sido feita como forma de buscar "a melhor eficiência" para o grupo.

Os conselheiros assentaram que, nas reorganizações das empresas de um mesmo grupo,

> a boa técnica de administração recomenda que os dirigentes adotem, dentro da legalidade, a alternativa econômica menos onerosa possível, afastando-se, inclusive, de procedimento que aponte para uma gestão temerária, sob pena de responsabilidade perante os detentores do capital investido.[247]

[246] Acórdão nº 107-07596 do 1º Conselho/7ª Câmara, sessão de 14-4-2004, Recurso nº 107-137256.

[247] Acórdão nº CSRF 01-05413, nos autos do Recurso nº 107-137256, sessão de 20-3-2006.

A pessoa jurídica não poderá compensar seus próprios prejuízos fiscais e base de cálculo negativa de CSLL se entre as datas da apuração e da compensação houver ocorrido, cumulativamente, modificação de seu controle societário e do ramo de atividade. Esse, inclusive, é o entendimento das autoridades fiscais da Secretaria da Receita Federal.[248]

Vejamos um exemplo de planejamento tributário e societário envolvendo as referidas figuras fiscais: fomos convidados a assessorar os acionistas da empresa C (no caso abaixo, as *holdings* de participação A e B) na análise dos aspectos tributários envolvidos com o seu planejamento estratégico de admitir um novo acionista na controlada empresa C, empresa industrial que possui duas plantas operativas fabricantes de linhas diferentes de produtos. A estrutura societária atual é a apresentada na figura 12.

Figura 12
ESTRUTURA SOCIETÁRIA ATUAL

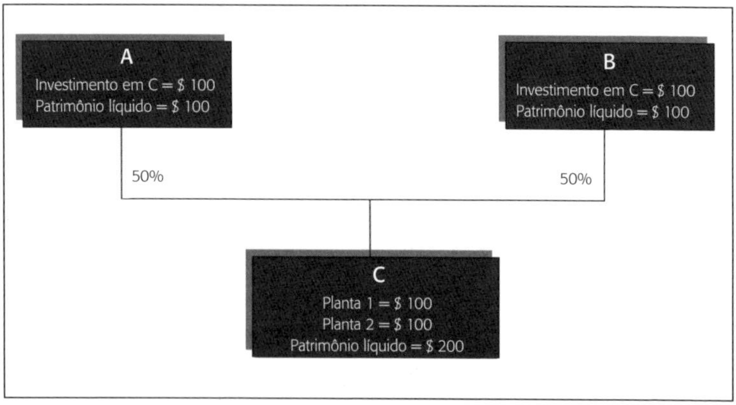

248 RIR/1999, art. 513; IN SRF nº 390/2004, art. 80; Decisão nº 892/2001 – 9ª Região Fiscal.

A planta 1 é moderna e lucrativa, enquanto a planta 2 é obsoleta e deficitária. Seus acionistas revelaram que pretendem cindir a empresa C, dando origem à empresa C', transferindo para a nova empresa a planta 2, de modo que o novo acionista possa participar da planta 2 sem ter que participar dos lucros gerados pela planta 1. A estrutura societária, após a pretendida cisão (e antes da entrada do novo sócio) está demonstrada na figura 13.

Figura 13
ESTRUTURA SOCIETÁRIA APÓS A CISÃO

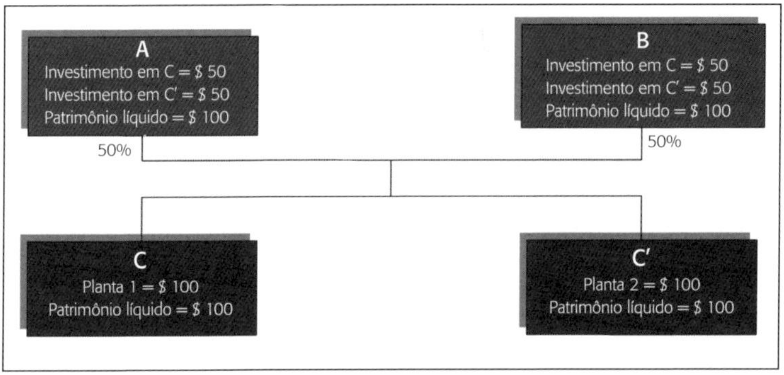

Verificamos, por meio do levantamento do perfil contábil e fiscal, que a empresa é detentora de elevados saldos de prejuízos fiscais e de base de cálculo negativa de CSLL (R$ 100 milhões). Ora, com a cisão a empresa C perde R$ 50 milhões a título dessas figuras fiscais, já que a parcela a ser cindida representa 50% do seu patrimônio líquido.[249] Logo, com a perda de 50% do saldo dessas figuras fiscais, a empresa C perde a capacidade de não

[249] O percentual de 50% foi obtido da seguinte forma: valor da planta 2 (R$ 100 milhões) dividido pelo valor do patrimônio líquido de C (R$ 200 milhões).

desembolsar, ao longo de um determinado tempo, cerca de R$ 17 milhões a título de pagamento de IRPJ e de CSLL.[250]

A alternativa de planejamento societário e tributário que vislumbramos (antes da entrada do novo sócio) é a transferência da planta 2 para a empresa C' por subscrição e integralização de capital social com a referida planta, em lugar de transferi-la por meio de cisão, já que, em nossa alternativa, não há previsão legal de perda de prejuízos fiscais ou de base negativa de CSLL. As referidas figuras fiscais permanecerão intactas na empresa C, que continuará com a planta 1 (lucrativa) e, portanto, em condições de utilizá-las. Vejamos a figura 14.

Figura 14
ESTRUTURA IDEAL

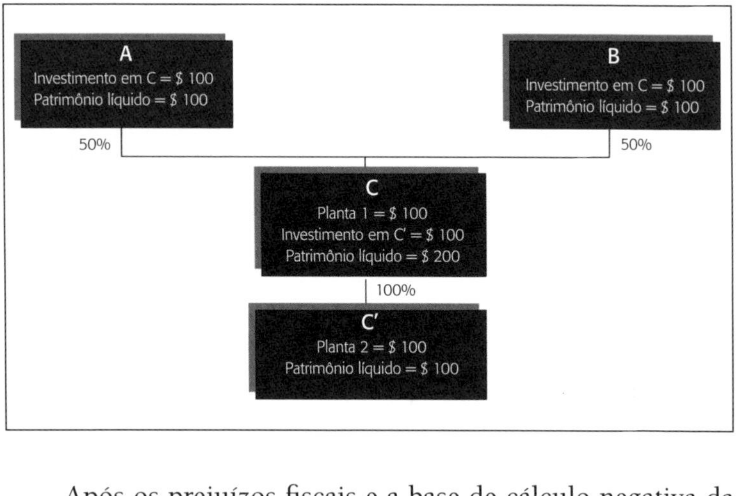

Após os prejuízos fiscais e a base de cálculo negativa da CSLL, vamos analisar outras duas importantes figuras fiscais: ágio e deságio.

[250] O valor de R$ 17 milhões foi obtido da seguinte forma: valor da perda das figuras fiscais multiplicado pela alíquota combinada de IRPJ e CSLL (34%).

Ágio e deságio

A pessoa jurídica, ao adquirir investimentos, avaliáveis contabilmente, pelo valor de patrimônio líquido da empresa adquirida, deverá desdobrar o seu custo da seguinte forma: valor do patrimônio líquido na época da aquisição (determinado mediante a aplicação, sobre o patrimônio líquido da outra empresa, de sua percentagem de participação) e ágio ou deságio na aquisição, que será a diferença entre o custo de aquisição do investimento e o valor apurado na forma acima.[251]

As parcelas de ágio ou deságio, amortizáveis contabilmente, deverão ser adicionadas no caso do ágio ou excluídas no caso de deságio quando da apuração do lucro real, de modo a se assegurar a neutralidade fiscal, e deverão ser controladas na parte B do Lalur, objetivando a dedutibilidade da despesa no caso de ágio ou a tributação da receita no caso do deságio, no momento em que o investimento for realizado por alienação ou por liquidação. Ou seja, o ágio ou deságio pagos não podem dar efeito fiscal, na investidora, até o momento em que esta resolva se desfazer do investimento inicialmente feito.

No entanto, a legislação tributária foi alterada[252] de modo a prever tratamento específico ao ágio e ao deságio nas hipóteses de incorporação, fusão ou cisão. Nesses casos as parcelas do ágio e do deságio passaram a ser, respectivamente, dedutíveis ou tributáveis à medida que forem amortizadas contabilmente. Quase sempre as aquisições de participações societárias são realizadas com ágio, e o investidor passou a poder recuperar parte do ágio pago na aquisição, na proporção do não desembolso de dinheiro a título de pagamento de IRPJ e de CSLL. Ou seja,

[251] RIR/1999, arts. 385 e 387.

[252] RIR/1999, art. 386; IN SRF nº 11/1999 e nº 390/2004, art. 75.

ao longo do período de amortização contábil do ágio haverá a recuperação de 34%[253] do valor pago.

A legislação tributária dispõe que a pessoa jurídica que absorver patrimônio de outra — em virtude de incorporação, fusão ou cisão — na qual detenha participação societária adquirida com ágio ou deságio deverá registrar o valor do ágio ou deságio cujo fundamento econômico seja:

- valor de mercado de bens do ativo — em contrapartida à conta que registre o bem ou direito que lhe deu causa;
- rentabilidade futura — em contrapartida à conta do ativo diferido, se ágio, ou do passivo, como receita diferida, se deságio;
- fundo de comércio, intangíveis e outras razões econômicas — em contrapartida à conta do ativo diferido,[254] se ágio, ou do passivo, como receita diferida, se deságio.

Alternativamente, a pessoa jurídica poderá registrá-los, nos casos dos dois últimos itens, em conta do patrimônio líquido.

O valor registrado com base no valor de mercado de bens do ativo integrará o custo do respectivo bem ou direito para efeito de apuração de ganho ou perda de capital, bem como para determinação das cotas de depreciação, amortização ou exaustão.

Já aquele valor registrado com base em rentabilidade futura poderá ser amortizado nos balanços correspondentes à apuração do lucro real, levantados posteriormente à incorporação, fusão

[253] Alíquota combinada e aproximada do IRPJ e da CSLL.

[254] A nova redação dada pela Lei nº 11.941/2009 ao art. 178 da Lei nº 6.404/1976 extinguiu o grupo "permanente" e o subgrupo "ativo diferido", substituindo-os por "ativo não circulante" e "intangível". Entretanto, neste capítulo optamos por manter a classificação prevista na legislação fiscal (que ainda adota as regras contábeis vigentes em 31 de dezembro de 2007), fazendo referência (correlação) à nova classificação contábil.

ou cisão, à razão de 1/60 — no máximo, em caso de ágio; no mínimo, em caso de deságio — para cada mês do período a que corresponder o balanço.

Quando o fundamento for fundo de comércio, intangíveis e outras razões econômicas, o ágio ou o deságio não será amortizado, devendo, no entanto, ser computado na determinação do custo de aquisição, na apuração de ganho ou perda de capital, no caso de alienação do direito que lhe deu causa ou de sua transferência para sócio ou acionista, na hipótese de devolução de capital; ou deduzido como perda, se ágio, no encerramento das atividades da empresa se comprovada, nessa data, a inexistência do fundo de comércio ou do intangível que lhe deu causa; ou ser computado como receita, se deságio, no encerramento das atividades da empresa.

Devemos, também, aplicar o tratamento especial do ágio e do deságio previsto nos eventos de incorporação, fusão ou cisão quando o investimento não for, obrigatoriamente, avaliado pelo valor do patrimônio líquido, e a incorporada, fusionada ou cindida for aquela que detinha a propriedade da participação acionária.

As empresas abertas precisam atentar, além do que dispõe a legislação fiscal, para os critérios estabelecidos pelas Instruções da CVM[255] sobre o tema, que, entre outras coisas, faz menção ao ágio pago na aquisição do direito de exploração, concessão ou permissão delegada pelo poder público. A legislação fiscal não a menciona expressamente.

No tópico a seguir, veremos algumas obrigações acessórias, bem como o pagamento de IRPJ e de CSLL nos processos de fusão, incorporação e cisão.

[255] Instrução CVM nº 319/1999, arts. 6, 7 e 8.

Entrega de declarações, pagamento de IRPJ e CSLL e contratos de trabalho

A pessoa jurídica incorporada, fusionada ou cindida deverá apresentar as declarações DIPJ, Dirf e Dacon correspondentes ao período transcorrido durante o ano-calendário, até o último dia útil do mês subsequente ao do evento societário. A DCTF será apresentada até o 15º dia útil do segundo mês subsequente à realização do evento. A incorporadora também está sujeita à apresentação dessas declarações, exceto nos casos em que ela e a incorporada estejam sob o mesmo controle societário desde o ano-calendário anterior ao do evento societário.[256] O pagamento do IRPJ e da CSLL correspondente ao período de apuração encerrado em virtude de incorporação, fusão ou cisão deverá ser efetuado, em cota única, até o último dia útil do mês subsequente ao da ocorrência do evento.

Fusões, incorporações e cisões não importam na cessação dos contratos de trabalho dos funcionários da fusionada, incorporada ou cindida, pois tais eventos societários implicam sucessão empresarial. Todos os direitos dos empregados são transferidos para a sucessora. Normalmente, nos contratos de trabalho a operação é instrumentalizada mediante simples averbação na carteira profissional.

No quadro 5 demonstramos, de forma resumida, o que seria um exemplo de cronograma de eventos, no caso de incorporação de uma ltda. por outra ltda.[257]

---

[256] IN SRF nº 541/2005, art. 4º; nº 493/2005, art. 8º; nº 543/2005, art. 8º; nº 482/2004, art. 6º.

[257] Assumimos que todas as datas citadas correspondem a dias úteis.

Quadro 5

CRONOGRAMA DE EVENTOS

Evento	Data-limite
Balanço para fins de avaliação do acervo líquido e de relação de troca de participações societárias (a defasagem em relação à data do evento pode ser maior, a critério da administração)	30-6-XX
Realização da reunião de cotistas da incorporada (deliberação sobre o evento)	30-7-XX
Arquivamento dos atos societários na Junta Comercial	30-8-XX
Balanço para fins de apuração do IRPJ e da CSLL	30-7-XX
Entrega da DIPJ, Dirf e Dacon da incorporada e da incorporadora (se aplicável)	30-8-XX
Pagamento de IRPJ e de CSLL (se aplicável)	30-8-XX
Entrega da DCTF da incorporada e da incorporadora (se aplicável)	5-9-XX

Combinações de sociedades sob controle comum e de negócios entre partes independentes

Conforme explicamos de forma mais detalhada no capítulo 2 deste livro, as leis nº 11.638/2007 e nº 11.941/2009 trouxeram modificações à legislação societária brasileira em diversos aspectos, inclusive alterando regras sobre as demonstrações contábeis das empresas, visando à sua harmonização com as práticas contábeis internacionais (*IFRS — international financial reporting standard*). A legislação tributária não acompanhou de imediato as alterações trazidas pelas novas práticas contábeis. Nesse contexto, a Lei nº 11.941/2009 alterou o Decreto-Lei nº 1.598/1977 (base maior do RIR/1999) e instituiu RTT,[258] que vigerá até a entrada em vigor de lei que discipline os efeitos

[258] Aplica-se o RTT aos novos critérios contábeis dispostos em regulamentação expedidas pela CVM e pelo CFC que visem alinhar as demonstrações financeiras aos padrões internacionais de contabilidade.

tributários dos novos métodos e critérios contábeis que foram introduzidos, buscando a neutralidade tributária.

Nos processos de reorganização empresarial que envolvam combinações de sociedades sob controle comum ou combinações de negócios entre partes independentes, as novas práticas contábeis brasileiras deverão ser observadas, ainda que, para fins fiscais, as pessoas jurídicas optantes pelo RTT utilizem o controle fiscal contábil de transição (FCont) para "voltarem no tempo" e utilizarem os critérios contábeis e tributários vigentes em 31 de dezembro de 2007. No caso de combinações de negócios entre partes independentes, o pronunciamento técnico CPC nº 15 deverá ser observado.

Combinação de negócios é uma operação ou outro evento por meio do qual um adquirente obtém o controle de um ou mais negócios, independentemente da forma jurídica da operação. O referido CPC abrange, também, as fusões que se dão entre partes independentes (inclusive as conhecidas por *true mergers* ou *mergers of equals*). A obtenção do controle de um ou mais negócios pode ocorrer por diferentes meios, tais como a aquisição de um conjunto de ativos líquidos de outra empresa que constituem um negócio, aquisição de ações em quantidade suficiente para obtenção do controle de outra sociedade, cisão para transferência de parte de um patrimônio para terceiros etc. (Iudícibus et al., 2010:403).

Assim, aquisição de ações ou cotas, incorporação, cisão, fusão e outras formas de reorganização societária serão consideradas como combinação de negócios, para fins contábeis, apenas quando, por meio da operação, houver a obtenção do controle de um ou mais negócios, aplicando-se-lhes as regras constantes do CPC nº 15 (Iudícibus et al., 2010:403).

Considerações finais

Neste capítulo procuramos demonstrar a importância do conhecimento dos aspectos societários e tributários relacionados com os processos de reorganização empresarial, notadamente quando presentes os eventos de fusão, incorporação e cisão.

Ressaltamos que os aspectos e efeitos tributários devem ser previamente analisados e considerados no processo de reorganização empresarial, independentemente de quais sejam suas maiores motivações, de modo que haja a otimização de seu custo tributário. Logo, é fundamental que os motivadores econômico-estratégicos, regulatórios e societários sejam sempre analisados *vis-à-vis* as vantagens e desvantagens tributárias associadas, de modo que seja identificada a melhor estrutura societário-tributária que venha ao encontro dos objetivos empresariais.

Vimos que um aspecto que merece atenção nas reorganizações empresariais é a responsabilidade tributária dos sucessores, e como é importante que, previamente à celebração da operação, adote-se o procedimento de investigação comumente denominado de *due diligence*.

Entendemos que, dependendo das figuras contábeis e fiscais das empresas que participam da fusão, incorporação ou cisão, os efeitos tributários associados podem ser danosos, a ponto de inviabilizar a reorganização empresarial. Mas, a partir de como a operação seja estruturada, as empresas podem deixar de perder prejuízos fiscais e base de cálculo negativa de CSLL, ou passar a aproveitar essas figuras fiscais sem a limitação de 30% imposta pela legislação, ou mesmo fazer com que a empresa sobrevivente no processo seja aquela que detém as referidas figuras fiscais. Podem, também, transformar o ágio pago na aquisição de investimentos em despesa dedutível na apuração do IRPJ e da CSLL.

Portanto, é preciso entender os objetivos estratégicos e as atividades operacionais das empresas envolvidas, as incidências tributárias sobre as mesmas, suas figuras contábeis e fiscais e as figuras societárias presentes na legislação, para que se estruture a reorganização com o menor ônus possível, inclusive o tributário. Como bem concluíram os conselheiros do CSRF,

> a boa técnica de administração recomenda que os dirigentes adotem, dentro da legalidade, a alternativa econômica menos onerosa possível, afastando-se, inclusive, de procedimento que aponte para uma gestão temerária, sob pena de responsabilidade perante os detentores do capital investido.[259]

[259] Acórdão no CSRF 01-05413, nos autos do Recurso no 107-137256, sessão de 20-3-2006.

Conclusão

A questão tributária é de grande relevância para a empresa e não pode ser menosprezada pelo gestor, sob pena de majoração substancial do ônus tributário, cujas implicações seriam a redução da margem de lucro ou o repasse desse acréscimo ao consumidor por meio de elevação indesejada do preço final do produto/serviço, o que, nas condições atuais de competitividade do mercado, poderia gerar consequências danosas à continuidade das operações da empresa.

A carga tributária para um agente econômico é, antes de mais nada, um fenômeno nitidamente econômico, uma questão de custos. O custo tributário é um ônus empresarial como qualquer outro, que deve ser reduzido em prol da maior lucratividade do empreendimento.

Esse pensamento não se opõe aos fins do Estado. Muito pelo contrário, atua em favor da construção de uma sociedade mais igualitária, que atenda à capacidade contributiva de seus agentes, eis que as empresas movimentam a economia, criam empregos, terceirizam oportunidades e fazem nascer a tributação.

No mercado competitivo das modernas relações empresariais, o processo de planejamento como um todo passou a ser necessidade básica. A gestão fiscal está inserida em um procedimento amplo e geral, que deve preceder qualquer novo negócio ou alteração de rumo no mundo empresarial. Ela objetiva o mesmo que qualquer outro planejamento: a eficiência, que em termos de dispêndio com tributos, significará sempre pagar menos, dentro dos limites da lei.

Referências

ANAN JUNIOR, Pedro. *Fusão, cisão e incorporação de sociedades*: teoria e prática. São Paulo: Quartier Latin, 2004.

ATALIBA, Geraldo. *Hipóteses de incidência tributária*. 6. ed. São Paulo: Malheiros, 2003.

ÁVILA, Humberto. O imposto sobre serviços e a Lei Complementar nº 116/2003. In: ROCHA, Valdir de Oliveira (Org.). *O ISS e a LC nº 116*. São Paulo: Dialética, 2003.

BALEEIRO, Aliomar. *Direito tributário brasileiro*. 10. ed. atual. Rio de Janeiro: Forense, 1984.

______. *Limitações constitucionais ao poder de tributar*. Rio de Janeiro: Forense, 1997.

BECKER, Alfredo Augusto. *Teoria geral do direito tributário*. 2. ed. São Paulo: Saraiva, 1972.

BOCCHIARDO, José. Técnicas jurídicas anti-elusivas: la doctrina latinoamericana. In: HUCK, Marcelo. *Evasão e elisão*: rotas nacionais e internacionais do planejamento tributário. São Paulo: Saraiva, 1997.

BORBA, Cláudio. *ICMS*: legislação aplicável a todos os estados e ao Distrito Federal. 2. ed. Rio de Janeiro: Elsevier, 2006.

BORGES, Humberto Bonavides. *Planejamento tributário — IPI, ICMS, ISS e IR*: economia de impostos, racionalização de procedimentos fiscais, relevantes questões tributárias, controvertidas questões tributárias, complexas questões tributárias, questões avançadas no universo da governança tributária. 9. ed. São Paulo: Atlas, 2006.

BORGES, José Souto Maior. *Lançamento tributário*. São Paulo: Malheiros, 2001.

BOTTALLO, Eduardo Domingos. Notas sobre o ISS e a Lei Complementar nº 116/2003. In: ROCHA, Valdir de Oliveira (Org.). *O ISS e a LC nº 116*. São Paulo: Dialética, 2003.

BRITO, Edvaldo. Interpretação econômica da norma tributária e o planejamento tributário. In: ______. *O planejamento tributário e a Lei Complementar nº 104*. São Paulo: Dialética, 2001.

CAMPOS, Cândido Henrique. *Planejamento tributário*: PIS/Cofins, importação e disposições legais. São Paulo: Saraiva, 2006.

CAMPOS, Diogo Leite; CAMPOS, Mônica Horta Neves Leite de. *Direito tributário*. Coimbra: Almedina, 2000.

CARDOSO, Ricardo Lopes et al. *Contabilidade dos investimentos em participações societárias*. Rio de Janeiro: FGV, 2007.

CARRAZZA, Roque Antonio. *ICMS*. 11. ed. São Paulo: Malheiros, 2006.

CARVALHO, Paulo de Barros. *Teoria da norma tributária*. 2. ed. São Paulo: Revista dos Tribunais, 1981.

______. *Curso de direito tributário*. 5. ed. atual. de acordo com a Constituição Federal de 1988. São Paulo: Saraiva, 2001.

CASTRO, Flávia. *Interpretação constitucional e prestação jurisdicional*. Rio de Janeiro: Lumen Juris, 2000.

COELHO, Sacha Calmon Navarro. *Teoria geral do tributo e da exoneração tributária*. São Paulo: Revista dos Tribunais, 1982.

______. *Curso de direito tributário brasileiro*. 6. ed. Rio de Janeiro: Forense, 2003.

COIMBRA, José dos Reis Feijó. *A defesa do contribuinte* (na esfera administrativa e na judicial, doutrina, jurisprudência, legislação). Rio de Janeiro: Destaque, 1995.

COUTINHO, Átimo de Souza et al. *Contabilidade financeira*. Rio de Janeiro: FGV, 2007.

DÓRIA, Antônio Roberto Sampaio. *Elisão e evasão fiscal*. 2. ed. São Paulo: Bushatsky, 1977.

FERREIRA, Antonio Airton et al. *Regulamento do imposto de renda anotado e comentado*. São Paulo: Fiscosoft, 2001.

GALHARDO, Luciana Rosanova. *Rateio de despesas no direito tributário*. São Paulo: Quartier Latin, 2004.

GRECO, Marco Aurélio. *Dinâmica da tributação e procedimento*. São Paulo: Revista dos Tribunais, 1979.

______. *Planejamento fiscal e interpretação da lei tributária*. São Paulo: Saraiva, 1998.

______. *Planejamento tributário*. São Paulo: Dialética, 2004.

HENDRIKSEN, S. Eldon; BREDA, F. Van. *Teoria da contabilidade*. São Paulo: Atlas, 1999.

HIGUCHI, Hiromi; HIGUCHI, Fábio Hiroshi; HIGUCHI, Celso Hiroyuki. *Imposto de renda das empresas*: interpretação e prática. 31. ed. São Paulo: IR Publicações, 2005.

HUCK, Hermes Marcelo. *Evasão e elisão*: rotas nacionais e internacionais do planejamento tributário. São Paulo: Saraiva, 1997.

IUDÍCIBUS, Sérgio; MARTINS, Eliseu; GELBCKE, Ernesto R. *Manual de contabilidade das sociedades por ações*. 5. ed. São Paulo: Atlas, 2000.

______; ______; ______. *Manual de contabilidade das sociedades por ações*. 7. ed. São Paulo: Atlas, 2007.

IUDÍCIBUS, Sérgio et al. *Manual de contabilidade societária*. 5. ed. São Paulo: Atlas, 2010.

LACOMBE, Américo. *Obrigação tributária*. São Paulo: Revista dos Tribunais, 1977.

MACHADO, Hugo de Brito. *Os princípios jurídicos da tributação na Constituição de 88*. 2. ed. rev. e ampl. São Paulo: Revista dos Tribunais, 1991.

______. *Temas de direito tributário II*. São Paulo: Revista dos Tribunais, 1994.

______. *Curso de direito tributário*. 24. ed. São Paulo: Malheiros, 2004.

MALERBI, Diva Prestes Marcondes. *Elisão tributária*. São Paulo: Revista dos Tribunais, 1984.

MARINS, James. *Elisão tributária e sua regulação*. São Paulo: Dialética, 2002.

MARTINS, Ives Gandra da Silva (Org.). *Tributação no Mercosul*. São Paulo: Revista dos Tribunais/Centro de Extensão Universitária, 1997.

MASCARENHAS, Raymundo Clovis do Valle Cabral. *Tudo sobre IPI*: imposto sobre produtos industrializados. 5. ed. São Paulo: Aduaneiras, 2003.

MELO, José Eduardo Soares de. *ICMS*: teoria e prática. São Paulo: Dialética, 2000.

MENEZES, João Carlos. *Sonegação fiscal*: legislação e jurisprudência. 2. ed. Campinas: Bookseller, 1997.

MOSQUERA, Roberto Quiroga. *Tributação no mercado financeiro e de capitais*. São Paulo: Dialética, 1998.

NASCIMENTO, Carlos Valder do (Org.). *Comentários ao Código Tributário Nacional* (Lei nº 5.172, de 25 out. 1966). Rio de Janeiro: Forense, 1997.

NEDER, Marcos Vinícius; LÓPEZ, Maria Teresa Martinez. *Processo administrativo fiscal federal comentado*. São Paulo: Dialética, 2004.

NOGUEIRA, Johnson Barbosa. *A interpretação econômica no direito tributário*. São Paulo: Resenha Tributária, 1982.

NOGUEIRA, Ruy Barbosa. *Da interpretação e da aplicação das leis tributárias*. 2. ed. rev. São Paulo: Bushatshy, 1974.

OECD. *Taxing consumption*. Paris: Head of Publications Services from OECD, 1988.

PÊGAS, Paulo Henrique. *Manual de contabilidade tributária*. 4. ed. Rio de Janeiro: Freitas Bastos, 2006.

PEREIRA, César Guimarães. *Elisão tributária e função administrativa*. São Paulo: Dialética, 2001a.

______. O planejamento tributário e a Lei Complementar nº 104. In: ROCHA, Valdir de Oliveira. *O planejamento tributário e a Lei Complementar nº 104*. São Paulo: Dialética, 2001b.

ROCHA, Valdir de Oliveira. *Planejamento fiscal*: teoria e prática. São Paulo: Dialética, 1995. v. 1.

______. *Planejamento fiscal*: teoria e prática. São Paulo: Dialética, 1998. v. 2.

ROLIM, João Márcio; AMARO, Luciana; LONGO, Henrique. Do planejamento fiscal como direito ou dever do contribuinte. In: ROCHA, Valdir de Oliveira (Org.). *Planejamento fiscal*: teoria e prática. São Paulo: Dialética, 1995. v. 1.

ROSA JR., Luiz Emygdio. *Manual de direito financeiro e tributário*. 17. ed. Rio de Janeiro: Renovar, 2003.

SCAFF, Fernando Facury. Reserva do possível, mínimo existencial e direitos humanos. *Interesse público*, v. 7, n. 32, p. 225, jul./ago. 2005. Disponível em: <www.interessepublico.com.br>. Acesso em: 22 out. 2006.

SCHOUERI, Luís Eduardo. *Planejamento fiscal através de acordos de bitributação*: treaty shopping. São Paulo: Revista dos Tribunais, 1995.

SECRETARIA DA RECEITA FEDERAL. O imposto de renda das pessoas físicas no Brasil. *Estudos tributários*, Brasília, n. 14, dez. 2004. Disponível em: <www.receita.fazenda.gov.br>. Acesso em: 22 out. 2006.

SEIXAS FILHO, Aurélio Pitanga. A interpretação econômica no direito tributário, a Lei Complementar nº 104/2001 e os limites do planejamento tributário. In: ROCHA, Valdir de Oliveira. *O planejamento tributário e a Lei Complementar nº 104*. São Paulo: Dialética, 2001.

SHINGAKI, Mario. *Gestão de impostos para pessoas físicas e jurídicas*. São Paulo: Saint Paul Institute of Finance, 2003.

SOUSA FILHO, Rodolfo de Castro. *Legislação do IPI*. Brasília: Vestcon, 1996.

SZUSTER, Natan et al. *Contabilidade geral*. São Paulo: Atlas, 2007.

THURONYI, Victor. *Tax law design and drafting*. [S.l.]: IMF, 1996.

TÔRRES, Heleno. *Direito tributário e direito privado*. São Paulo: Revista dos Tribunais, 2003.

TROIANELLI, Gabriel. O parágrafo único do art. 116 do Código Tributário Nacional como limitador do poder de tributar. In: ROCHA, Valdir de Oliveira. *O planejamento tributário e a Lei Complementar nº 104*. São Paulo: Dialética, 2001.

VAZ, José Otávio Vianna. *A responsabilidade tributária dos administradores de sociedade no CTN*. [S.l.]: Del Rey, 2003.

VIEIRA, José Roberto. *A regra-matriz de incidência do IPI*: texto e contexto. Curitiba: Juruá, 1993.

WINCKLER, Noé. *Imposto de renda*. Rio de Janeiro: Forense, 1997.

XAVIER, Alberto. *Direito tributário internacional do Brasil*: tributação das operações internacionais. 4. ed. atual. Rio de Janeiro: Forense, 1995.

______. *Tipicidade da tributação, simulação e norma antielisiva*. São Paulo: Dialética, 2001.

Bibliografia legislativa complementar

ACÓRDÃO nº 108-06682 do 1º Conselho/8ª Câmara, sessão de 20-9-2001. Decisão/Ementa de 28-2-2002.

ACÓRDÃO nº CSRF 01-04258, nos autos do Recurso nº 108-126597, sessão de 2-12-2002.

ACÓRDÃO nº 107-07596 do 1º Conselho/7ª Câmara, sessão de 14-4-2004, Recurso nº 107-137256.

ACÓRDÃO nº CSRF 01-05.413, nos autos do Recurso nº 107-137256, sessão de 20-3-2006.

CIRCULARES do Banco Central do Brasil (Circulares Bacen) nºs 3.017/2000 e 3.260/2004.

CÓDIGO Tributário Nacional (CTN). Lei nº 5.172/1966.

CONSOLIDAÇÃO das Leis do Trabalho (CLT). Decreto-Lei nº 5.452/1943.

DECISÕES da Secretaria da Receita Federal (Decisões SRF) nºs 112/1999 e 892/2001.

DELIBERAÇÃO da Comissão de Valores Mobiliários (Deliberação CVM) nº 580/2009.

INSTRUÇÃO Normativa do Departamento Nacional de Registro de Comércio (IN DNRC) nº 88/2001.

INSTRUÇÃO Normativa do Instituto Nacional da Seguridade Social (IN INSS) nº 03/2005.

INSTRUÇÕES normativas da Comissão de Valores Mobiliários (Instruções CVM) n°s 319/1999, 320/1999, 349/1999, 358/2002 e 369/2002.

INSTRUÇÕES normativas da Secretaria da Receita Federal (IN SRF) n°s 11/1999, 15/1999, 390/2004, 482/2004, 493/2005, 541/2005, 543/2005, 787/2007, 967/2009, 971/2009, 989/2009 e 1.051/2010.

LEI das Sociedades Anônimas (Lei das S.A.). Lei nº 6.404/1976, com as alterações das leis n°s 9.457/1997 e 10.303/2001.

LEIS n°s 8.137/1990, 8.884/1994, 11.371/2006, 11.638/2007, 11.774/2008 e 11.941/2009.

LEIS complementares n°s 123/2006 e 128/2008.

MANUAL de orientação do imposto de renda da pessoa jurídica (Majur) referente ao ano-calendário de 1999.

NOVA Lei de Recuperação de Empresas e Falências (LREF). Lei nº 11.101/2005.

NOVO Código Civil (NCC). Lei nº 10.406/2002.

NOVO Regulamento Aduaneiro Brasileiro. Decreto nº 6.759/2009.

PARECERES normativos da Coordenação do Sistema de Tributação da Secretaria da Receita Federal (PN CST) n°s 237/1970 e 51/1979.

REGULAMENTO do Imposto sobre a Circulação de Mercadorias e Serviços do Estado de São Paulo (RICMS/SP). Decreto nº 45.490/2000.

REGULAMENTO do Imposto sobre Serviços de Qualquer Natureza (RISSQN/SP). Decreto nº 44.540/2004.

RESOLUÇÕES do Comitê Gestor do Programa de Recuperação Fiscal (Resoluções CG REFIS) n°s 12/2001, 13/2001 e 51/2008.

RESOLUÇÕES do Sistema Brasileiro da Defesa da Concorrência n°s 15/1998 e 18/1998.

STJ. REsp. 683.397/RJ. Relator: ministro Castro Meira (T2), ac. un. Publicação: *DJ* de 22-8-2005, p. 226.

Apêndice

Apêndice A
Simples ou presumido?

Gráficas Serrano e Portela (simples)

Mês	Gráfica Serrano				Gráfica Portela			
	Receita bruta nos últimos 12 meses	Receita bruta no mês de apuração	Alíquota % (anexo II)	Valor devido	Receita bruta nos últimos 12 meses	Receita bruta no mês de apuração	Alíquota % (anexo II)	Valor devido
Jan.	1.080.000,00	90.000,00	9,53	8.577,00	2.160.000,00	180.000,00	11,92	21.456,00
Fev.	1.080.000,00	90.000,00	9,53	8.577,00	2.160.000,00	180.000,00	11,92	21.456,00
Mar.	1.080.000,00	90.000,00	9,53	8.577,00	2.160.000,00	180.000,00	11,92	21.456,00
Abr.	1.080.000,00	90.000,00	9,53	8.577,00	2.160.000,00	180.000,00	11,92	21.456,00
Maio	1.080.000,00	90.000,00	9,53	8.577,00	2.160.000,00	180.000,00	11,92	21.456,00
Jun.	1.080.000,00	90.000,00	9,53	8.577,00	2.160.000,00	180.000,00	11,92	21.456,00
Jul.	1.080.000,00	90.000,00	9,53	8.577,00	2.160.000,00	180.000,00	11,92	21.456,00
Ago.	1.080.000,00	90.000,00	9,53	8.577,00	2.160.000,00	180.000,00	11,92	21.456,00
Set.	1.080.000,00	90.000,00	9,53	8.577,00	2.160.000,00	180.000,00	11,92	21.456,00
Out.	1.080.000,00	90.000,00	9,53	8.577,00	2.160.000,00	180.000,00	11,92	21.456,00
Nov.	1.080.000,00	90.000,00	9,53	8.577,00	2.160.000,00	180.000,00	11,92	21.456,00
Dez.	1.080.000,00	90.000,00	9,53	8.577,00	2.160.000,00	180.000,00	11,92	21.456,00
Total				**102.924,00**	**Total**			**257.472,00**

Gráfica Serrano (presumido)

Período de apuração	IRPJ				CSLL			
	Receita bruta	% de presunção	Base de cálculo	Valor devido	Receita bruta	% de presunção	Base de cálculo	Valor devido
1º trim.	270.000,00	8	21.600,00	3.240,00	270.000,00	12	32.400,00	2.916,00
2º trim.	270.000,00	8	21.600,00	3.240,00	270.000,00	12	32.400,00	2.916,00
3º trim.	270.000,00	8	21.600,00	3.240,00	270.000,00	12	32.400,00	2.916,00
4º trim.	270.000,00	8	21.600,00	3.240,00	270.000,00	12	32.400,00	2.916,00
Subtotais				**12.960,00**				**11.664,00**

Gráfica Portela (presumido)

Período de apuração	IRPJ				CSLL			
	Receita bruta	% de presunção	Base de cálculo	Valor devido	Receita bruta	% de presunção	Base de cálculo	Valor devido
1º trim.	540.000,00	8	43.200,00	6.480,00	540.000,00	12	64.800,00	5.832,00
2º trim.	540.000,00	8	43.200,00	6.480,00	540.000,00	12	64.800,00	5.832,00
3º trim.	540.000,00	8	43.200,00	6.480,00	540.000,00	12	64.800,00	5.832,00
4º trim.	540.000,00	8	43.200,00	6.480,00	540.000,00	12	64.800,00	5.832,00
Subtotais				**25.920,00**				**23.328,00**

Apêndice B
Abreviaturas

AGE	Assembleia geral extraordinária
ADI	Ação declaratória de inconstitucionalidade
ADI SRF	Ato declaratório interpretativo da Secretaria da Receita Federal
Bacen	Banco Central do Brasil
CC	Conselho de Contribuintes
CF	Constituição Federal
CFC	Conselho Federal de Contabilidade
CGSN	Comitê Gestor do Simples Nacional
Cide	Contribuição sobre intervenção no domínio econômico
CNPJ	Cadastro Nacional da Pessoa Jurídica
Cofins	Contribuição sobre financiamento da seguridade social
CPC	Comitê de Pronunciamentos Contábeis
CPP	Contribuição previdenciária patronal
CSLL	Contribuição social sobre o lucro líquido
CSRF	Câmara Superior de Recursos Fiscais
CTN	Código Tributário Nacional
CVM	Comissão de Valores Mobiliários
Dacon	Demonstrativo de apuração de contribuições sociais
DCTF	Declaração de débitos e créditos tributários federais
DF	Distrito Federal
DIPJ	Declaração de informações econômico-fiscais da pessoa jurídica
Dirf	Declaração do imposto de renda retido na fonte
DNRC	Departamento Nacional de Registro de Comércio
DRJ	Delegacia da Receita Federal de Julgamento
EC	Emenda constitucional
EQP	Equivalência patrimonial
FGTS	Fundo de garantia por tempo de serviço
ICMS	Imposto sobre circulação de mercadorias e serviços

IE	Imposto sobre exportação
II	Imposto sobre importação
IN RFB	Instrução normativa da Receita Federal do Brasil
IN SRF	Instrução normativa da Secretaria da Receita Federal
INSS	Instituto Nacional de Seguridade Social
IOF	Imposto sobre operações financeiras, crédito, câmbio e seguro
IPI	Imposto sobre produtos industrializados
IPTU	Imposto sobre propriedade territorial urbana
IPVA	Imposto sobre propriedade de veículo automotor
IR	Imposto de renda
IRPJ	Imposto de renda da pessoa jurídica
IRRF	Imposto de renda retido na fonte
ISS	Imposto sobre serviços
ITBI	Imposto sobre transmissão de bens imóveis
ITCMD	Imposto de transmissão *causa mortis* e doações de quaisquer bens ou direitos
ITR	Imposto territorial rural
JCP	Juros sobre capital próprio
Lair	Lucro antes do imposto de renda
Lalur	Livro de apuração do lucro real
LC	Lei complementar
MEP	Método da equivalência patrimonial
NCC	Novo Código Civil
OCB	Organização das Cooperativas Brasileiras
Pasep	Programa de Formação do Patrimônio do Servidor Público
PIB	Produto interno bruto
PIS	Programa de Integração Social
PN CST	Parecer normativo da Coordenação do Sistema de Tributação da Secretaria da Receita Federal
Refis	Programa de Recuperação Fiscal
RFB	Receita Federal do Brasil
RIR	Regulamento do imposto de renda
RTT	Regime tributário de transição

Sebrae	Serviço Brasileiro de Apoio às Micro e Pequenas Empresas
Senac	Serviço Nacional de Aprendizagem do Comércio
Senai	Serviço Nacional de Aprendizagem Industrial
Sesc	Serviço Social do Comércio
Sesi	Serviço Social da Indústria
SRF	Secretaria da Receita Federal
STF	Supremo Tribunal Federal
STJ	Superior Tribunal de Justiça
TEC	Tarifa externa comum
Tipi	Tabela de incidência do IPI
TJLP	Taxa de juros de longo prazo
UF	Unidade federativa

Os autores

Flávia de Almeida Viveiros de Castro

Doutora em direito civil-constitucional pela Universidade do Estado do Rio de Janeiro. Mestre em direito constitucional e em sociologia e política pela PUC-Rio. Pós-graduada pelo Centro de Ensino de Estudos Judiciários de Portugal e pelas Faculdades Integradas Bennett, do Rio de Janeiro. Sua experiência profissional tem foco na carreira pública. É juíza de direito titular da Sexta Vara Cível da Barra da Tijuca, Rio de Janeiro. Atua ainda como docente convidada no FGV Management e na PUC-Rio. É autora de livros e artigos, além de membro da Academia Brasileira de Direito Tributário e da International Fiscal Association (IFA). É examinadora de concursos públicos.

Arnaldo Marques de Oliveira Neto

Pós-graduado em finanças empresariais pela Escola de Pós-Graduação em Economia da FGV, com curso de extensão em fusões e aquisições pelo Instituto Internacional de Ciências

Sociais (IICS-CEU). Graduado em administração de empresas pela Escola de Administração de Empresas da Bahia. Conselheiro de administração e conselheiro fiscal certificado pelo Instituto Brasileiro de Governança Corporativa (IBGC-CCI). Consultor empresarial com 24 anos de experiência nas áreas tributária, societária e de governança corporativa. Ex-gerente sênior e ex-instrutor internacional da Arthur Andersen. Professor convidado do FGV Management e do Instituto Brasileiro de Governança Corporativa (IBGC), onde ministra a disciplina planejamento tributário e reorganização societária em cursos para conselheiros de administração.

Artur Antonio Leite de Souza Junior

Mestre em controladoria e contabilidade estratégica e bacharel em ciências contábeis pela Universidade Santa Úrsula. Tem mais de 30 anos de experiência profissional em auditoria contábil e consultoria societária, tributária e empresarial. Iniciou sua carreira profissional na Price Waterhouse, onde atingiu o cargo de gerente de consultoria tributária. Exerceu ainda os cargos de gerente de planejamento tributário das empresas do Banco Real e de gerente de consultoria tributária na Trevisan & Associados. É especialista em perícias judiciais e planejamento tributário, professor convidado nas disciplinas planejamento tributário e contabilidade do FGV Management e professor de contabilidade e administração financeira na Escola de Economia de São Paulo, da Fundação Getulio Vargas (Eesp).

Rodolfo de Castro Sousa Filho

Mestre em ciências contábeis pela Universidade do Estado do Rio de Janeiro. Pós-graduado em contabilidade pela Fundação Getulio Vargas. Graduado em economia pela Universidade

Federal Fluminense. É auditor fiscal da Receita Federal e professor convidado do FGV Management e da Escola de Administração Fazendária da Fundação Getulio Vargas (Esaf).

Este livro foi impresso nas oficinas gráficas da Editora Vozes Ltda.,
Rua Frei Luís, 100 – Petrópolis, RJ.